I0697568

ESTRÉS

Pablo R. Cólica

ESTRÉS

Lo que Usted querría preguntar y debe conocer

Con la colaboración de la Lic. Josefina Edelstein

Editorial Brujas

Título: Estrés : lo que usted querría preguntar y debe conocer
Autor: Cólica, Pablo Raúl
Colaboración de: Lic. Josefina Edelstein

Cólica, Pablo Raúl
    Estrés : lo que usted querría preguntar y debe conocer . - 1a ed. - Córdoba: Brujas, 2012.
    180 p. ; 23x15 cm.

    1. Medicina. 2. Estrés. I. Título
    CDD 610.7

© Editorial Brujas
1° Edición.

Impreso en Argentina

www.editorialbrujas.com.ar publicaciones@editorialbrujas.com.ar
(0351) 4606044 / 4691616- Pasaje España 1485 Córdoba - Argentina.

ÍNDICE

Prólogo

En las conversaciones cotidianas se ha convertido en un tema recurrente y un lugar común el hablar sobre el estrés.

Esta palabra es usada para resumir lo que nos pasa ante una gran cantidad de problemas de distinta magnitud que el ciclo de nuestra vida nos va planteando de manera permanente; desde que somos muy pequeños hasta muy grandes.

En realidad el estrés es un mecanismo normal de resolución de problemas. Sintetizamos en esa palabra un sistema de gran complejidad que se moviliza en su integridad psicofísica para afrontar los conflictos que se nos presentan y nos proporciona los medios, la energía y la capacidad para solucionarlos.

Luego se vuelve a la normalidad y al equilibrio interior.

Es el mecanismo de la vida, un constante juego entre desequilibrio y nuevos equilibrios de los sistemas psico-orgánicos.

¿Hubo siempre estrés? Por supuesto.

¿Era mayor el estrés del hombre primitivo? Este interrogante es de difícil respuesta, pero seguramente pasar del terror al miedo, de la parálisis a la fuga frente a un tigre diente de sable significó una evolución y una adaptación.

Los conceptos de vida y muerte en esa etapa de la evolución donde la expectativa de vida era sumamente breve no tenían nada que ver con lo que sentimos y pensamos hoy. Las respuestas eran casi puramente instintivas. La evolución cognitiva y de la complejidad del pensamiento fue lenta.

Parecería que a medida que la humanidad progresa va resignificando ciertas ideas. Además, el salto tecnológico de los últimos cien años junto a la indudable prolongación de las expectativas de vida y de la actividad intelectual ha tensado la capacidad de flexibilidad del ser biológico a límites que superan lo que esperábamos.

El sistema de estrés o sistema de adaptación está integrado por diversos subsistemas interconectados que actúan de manera coordinada y sincrónica. Es un sistema extraordinariamente flexible y de su mayor o menor flexibilidad dependerá nuestra capacidad de adaptación; y por lo tanto la posibilidad de estar sanos o enfermar, en definitiva de seguir o no viviendo y con qué calidad lo hacemos.

Es un sistema de supervivencia.

Moviliza tantas sustancias químicas como ninguna creación del hombre puede lograr. Los mecanismos son tan perfectos que no hay máquina que pueda igualarlos.

Está genéticamente preparado para funcionar por poco tiempo, ponernos en condiciones de afrontar lo que sea y pronto volver a la normalidad.

Cuando aquello que provoca el conflicto nos pone en peligro, nos hace sufrir, no se resuelve y se prolonga o repite con frecuencia, el sistema pierde flexibilidad y finalmente sus respuestas se agotan. Y hablamos no sólo de peligro o sufrimiento físico, sino también de situaciones reales o imaginarias de nuestro mundo emocional e intelectual.

Selye, (1936) el principal investigador del tema, lo caracterizó en tres etapas: *estrés agudo* que denominó *fase de alerta* (sería el estrés normal); *prolongado* o *fase de resistencia* y *crónico* o *fase de agotamiento*, proponiendo con poco éxito llamarlas *fases de distrés*.

Son estas dos últimas fases las que son anormales. Las sustancias químicas (neurotransmisores, hormonas, citoquinas, etc.) que deberían haber normalizado sus niveles en el organismo siguen aumentadas y comienzan a actuar en contra de los sistemas psicoorgánicos propios hasta vencer sus defensas.

Aparecen las enfermedades relacionadas con el estrés (ERE). Son prácticamente todas las enfermedades más comunes en la actualidad.

La vida moderna nos mantiene cada vez desde edades más tempranas inmersos en un medio ambiente hostil y conflictivo. Incluso las madres cursan sus embarazos en ese entorno que influirá sobre el hijo que se está formando.

Es lo que se ha dado en llamar estrés psicosocial o factores psicosociales de riesgo. Significan que nuestro sistema de adaptación está casi permanentemente activado y va perdiendo flexibilidad.

En los últimos tiempos a este estado se le llama acumulación de carga alostática y la capacidad de cada persona de soportarla determina su mayor o menor vulnerabilidad al estrés y a las enfermedades.

Hoy, con los conocimientos que nos aporta constantemente la Psico-inmunoneuroendocrinología (PINE) hemos comenzado a estudiar y determinar los niveles de carga alostática en cada persona.

Sin embargo, todavía se banaliza el concepto de estrés. Se trata de ignorar su importancia y consecuencias. Prevenirlo y manejarlo es el desafío de la medicina preventiva de hoy en más y de promover una forma de vida saludable.

El paradigma de la salud pasa por ello y naturalmente esto atenta contra el paradigma preponderante que se basa en estudiar y tratar enfermedades, mientras más complejas más rentables para ciertos sectores dominantes.

No podemos hacer otra cosa que difundir nuestras ideas todo lo que podamos. Por eso hemos encontrado en el interés de algunos medios de comunicación y centros de formación una buena posibilidad de hacerlo, observando que hay una ciudadanía poco informada pero que demanda sobre el tema.

Este libro trata de contestar de la manera más sencilla, posibles preguntas formuladas con un estilo de entrevistas periodísticas y diálogos mantenidos con la Lic. Josefina Edelstein, quien publicó algunas de ellas y me ayudó a hacer más entendibles sus contenidos.

Creo que de esta manera puede ser leído y espero que entendido no solo por profesionales de la salud sino por el público en general preocupado por el tema.

Ha sido una intención constante construir un tono coloquial por lo cual no se han seguido las pautas de una publicación de carácter científico y he usado fundamentos e ideas aprendidas de otros autores e investigadores que fui leyendo en distintos momentos y no puedo citar específicamente. Para acceder a bibliografía suficiente que sustenta lo aquí expuesto sugiero recurrir a mi anterior publicación *El síndrome de estrés de los call center*.[1]

---

[1] Cólica Pablo (2010) – Edit. Brujas. Córdoba (Rep. Argentina).

Capítulo I

El concepto de estrés como enfermedad

- Desde el uso común se entiende al estrés como un fenómeno exterior a la persona, expresado usualmente en frases tales como "estoy con mucho estrés" , "debo bajar el estrés"; ¿ud. como definiría al estrés?

- La palabra estrés se deriva del griego *stringere*, que significa provocar tensión; se utilizó por primera vez en el siglo XIV y a partir de entonces se empleó en diferentes textos en inglés y se popularizó como "stress"; es una palabra traída desde la física al campo de la salud.

Fue empleada por Curling, un cirujano inglés, en 1842 cuando describió el fenómeno de las hemorragias por úlceras agudas de duodeno (que llevan su nombre) que observó que se producían en pacientes quemados.

Hans Selye, un investigador de origen húngaro que trabajó en Canadá y EEUU alrededor de 1930 hasta la década del '70 la comenzó a usar con el fin de sintetizar el concepto de "síndrome general de adaptación" que podemos describir como "la serie de reacciones que suceden de manera instantánea, sistémica y autónoma ante situaciones que se perciben como potencialmente peligrosas para la supervivencia o la integridad física o psicoemocional de la persona."

Esto permite la supervivencia y se evidencia por las reacciones más primitivas o ancestrales ante el peligro, la fuga o la lucha.

Luego Selye determinó que había tres fases del estrés: la fase aguda o reacción de alerta, fase de resistencia o de vigilancia prolongada y por último el estrés crónico o fase de claudicación del sistema de estrés.

Didácticamente comparamos este fenómeno con la acción de presionar una pelota de tenis: la tensión a que la sometemos la deforma (fase aguda o de alerta), pero al cesar la misma la pelota recobra su forma original.

Pero luego de sucesivas tensiones o golpes o si la presión es constante durante mucho tiempo, la pelotita quedará permanentemente deformada (fases de resistencia y agotamiento).

En las dos últimas fases del mecanismo del estrés, cuando la "pelota de tenis" es presionada mucho tiempo, se generan o agravan diversas enfermedades que hoy se conocen con la sigla ERE por Enfermedades Relacionadas con el Estrés.

- ¿Puede explicar más esa definición?
- Decir *sistémica* significa que involucra a todo el organismo considerándolo como un todo. Siguiendo la teoría de los sistemas es un sistema funcional único integrado por diversos subsistemas que se activan y funcionan automáticamente de manera coordinada.

Dicha activación es *instantánea*, como cuando se acciona un interruptor y se prenden las luces de diversos sectores de un edificio, más veloz que el propio pensamiento.

Tan rápida y automáticamente sucede que incluso se produce antes que el hecho que la desencadenó entre al campo de lo consciente, es decir, antes que tomemos conocimiento de ello; por eso decimos que es *autónoma* de la conciencia y por lo tanto *inconsciente*.

Debe enfatizarse que el estrés es un fenómeno normal que involucra prácticamente a todos los sistemas y subsistemas del organismo que, reitero, ocurre inmediatamente de percibido el estímulo, no requiere la intervención de la conciencia y es sistémico.

Los tres subsistemas primariamente involucrados son el sistema nervioso simpático, el sistema neuroendócrino y el sistema inmunológico que movilizan numerosas sustancias químicas, principalmente las que se llaman neurohormonas, neurotransmisores y citoquinas.

Estas sustancias actúan estimulando o inhibiendo distintos

órganos y funciones corporales durante un tiempo limitado a fin de afrontar, superar o adaptarse a lo que desencadenó la reacción.

- Desde los conceptos que ha desarrollado, ¿es correcto concebir al estrés como enfermedad? ¿Y por qué se la considera así?

- Porque se ha universalizado el uso de esta palabra para designar lo que en realidad provoca el estrés prolongado o crónico, es decir, las fases de resistencia y agotamiento.

Si por cualquier causa la situación que provocó la reacción no es resuelta, no se ha afrontado con éxito, los mecanismos del sistema de estrés quedan activados (*estrés prolongado)* y las sustancias químicas mencionadas comienzan a actuar en contra del propio organismo, provocando fenómenos disfuncionales a nivel hormonal (neuroendócrino) y en la inmunidad (inmunoinflamación e inmunodepresión) que producen desde trastornos menores hasta graves enfermedades.

- ¿Entonces está claro que el estrés no es una enfermedad?

- Nadie está enfermo "de estrés", se está enfermo "por estrés" y solo cuando éste es prolongado.

¿Y por qué resaltamos esta diferencia? Porque siempre debemos reiterar que el estrés es un fenómeno normal y necesario para la vida.

La palabra "stress" es un término (como ya vimos traído de la física) que se utiliza para sintetizar el concepto del síndrome general de adaptación.

Los seres vivos que habitamos el planeta debimos adaptarnos constantemente a las diversas contingencias de la vida, a los permanentes peligros, a los cambios en las condiciones ambientales, afectivas, sociales, económicas, ecológicas, etc. Venimos adaptándonos desde hace millones de años y esa capacidad de adaptación es lo que nos ha permitido sobrevivir y evolucionar como especie.

Lo mismo sucede durante la vida en cada uno de los individuos.

Los necesarios cambios que para ello se producen en el

organismo fueron descriptos por Cannon como "desequilibrios homeostáticos" y luego Selye los llamó "Síndrome General de Adaptación".

El estrés es un fenómeno normal pero cuando es prolongado enferma.

Para entenderlo recuérdese lo que sucede por ejemplo con el colesterol. Esta sustancia es fabricada por nuestro organismo y una parte proviene de la alimentación. Es fundamental para la vida y son innumerables las sustancias químicas indispensables que se forman a partir del colesterol (hormonas, bilis, etc.); sin embargo todo el mundo conoce las consecuencias de un exceso prolongado de colesterol, básicamente su participación en la arterioesclerosis.

Lo mismo podemos decir de la glucosa, indispensable para la vida, pero terriblemente nociva cuando por exceso produce diabetes.

En el mundo se ha popularizado el término *estrés* y se lo utiliza, en realidad de manera incorrecta, para designar los trastornos y enfermedades por estrés prolongado. De manera que nosotros también, cuando hablamos de estrés en general lo referimos con ese mismo sentido.

- Algunos definen al estrés como "la epidemia del siglo XXI". ¿Está de acuerdo con esa afirmación?

- En realidad la utilización de la palabra *estrés* como sinónimo de estrés prolongado -el mismo Selye propuso que debería ser "distrés" pero no prosperó- no permite que se diga lo que correspondería: "Estrés prolongado o crónico, epidemia del Siglo XXI".

Del estudio de este problema de salud se ocupa específicamente la Medicina del Estrés, de las consecuencias que provoca y de las llamadas Enfermedades Relacionadas con el Estrés (ERE), de su prevención y tratamientos.

El avance de las neurociencias y el soporte teórico de la Psico Neuro Inmuno Endocrinología han permitido conocer mucho más sobre su fisiopatología, es decir sobre cómo la emocionalidad y la forma de vida actual, la sensación generalizada de violencia e inseguridad (social, laboral, financiera, familiar, etc.), la competitividad, la aparición constante de nuevas tecnologías y muchas otras realidades cotidianas del entorno, eso que se ha dado en llamar "estrés psicosocial", influyen sobre el organismo para desequilibrarlo.

El estrés prolongado es la causa o concausa de casi todas las llamadas "enfermedades de la civilización" tales como las cardiocoronarias y cerebrovasculares, hipertensión arterial, digestivas, autoinmunes, endócrinas, oncológicas y muchas otras.

Incluso actualmente, popularmente se habla de "picos de estrés"… Y esto no sería técnicamente aceptable, sin embargo describe claramente lo que la sociedad percibe al respecto y los profesionales de la salud tendremos que aceptarlo.

- ¿Hay más casos de estrés en la actualidad que en décadas anteriores? En caso de que así sea, ¿por qué cree que es así?

- Lo más probable es que haya distintas formas y grados de lo que llamamos factores estresantes. Algunos de orden psicosocial ya fueron mencionados y sobre todo la importancia del entorno cultural de la civilización actual donde predominan la competitividad, las apariencias, el "qué dirán", la búsqueda desenfrenada del confort y el "status". Esto, junto a la falta de diálogo, de comunicación y búsqueda de consensos, tanto entre las personas y grupos familiares como en las empresas, en las instituciones educativas, los ámbitos laborales en general y los poderes del Estado.

Parecería que el progreso tecnológico deshumaniza y anula la capacidad de manejar racionalmente las emociones; de manera que en las conductas sociales así como en los individuos predominan reacciones mezcladas de miedo e ira o violencia y enojos, desmedidos. De allí a la enfermedad instalada hay un trecho muy corto.

En los últimos años se agregan las alteraciones provocadas por el uso intensivo de las nuevas tecnologías, lo que se ha denominado "tecnoestrés".

El diario *La Nación*, del 17.03.11, publica un interesante artículo con el título "Estrés globalizado" en el que se resume un estudio de la incidencia de estrés por exigencia laboral, el volumen de información al que estamos expuestos y la falta de equilibrio entre el trabajo y la vida personal como algunas de las causas de lo que define como "esta enfermedad moderna". Sería lo que más habitualmente se designa como "estrés psicosocial",

Incide globalmente sobre un 28% de la población mundial, lo que constituye una verdadera "epidemia" y en nuestro país incidiría, según este estudio, en un 26% de la población general.

- ¿Existen distintos tipos de estrés? He leído bastante sobre el estrés laboral pero no de otros tipos. El laboral, ¿es el más común?

- De manera didáctica lo solemos dividir inicialmente en psicoemocional o físico y con más precisión en psicoemocional, psicosocial, por sobreexigencias físicas (por explotación en el trabajo o incluso por sobreentrenamiento en atletas y deportistas), de origen laboral, etc.

En general, se trata de una combinación de estos subtipos y siempre sus consecuencias variarán de acuerdo a la percepción y la importancia que cada uno atribuya a estos factores.

Parecería que se ha instalado una cultura de las relaciones laborales diferente. La deshumanización de dicha relación, la precarización contractual, la desvirtuación de las actividades gremiales y empresariales, la instalación del pernicioso concepto de que "un cierto grado de estrés e inseguridad laboral mejoran la productividad" y tantos otros eufemismos que encubren nuevas formas, más anónimas, de explotación del hombre por el hombre, sin duda hacen que hoy por hoy el estrés laboral, incluido el "mobbing" o acoso laboral, sean las causa más frecuentes de consultas al médico o al psicólogo.

- ¿El estrés golpea a todos por igual o hay algún sector de la sociedad que se vea más afectado? (por cuestiones generacionales, profesionales, de género, geográficos, etc.)

- No podríamos establecer un orden de prelación. El estrés afecta a adultos que pierden su trabajo en un mercado que los expulsa, a quienes se jubilan y no pueden generarse otros ingresos, a los niños carenciados tanto en lo nutricional como en lo afectivo, a quienes son víctimas de la violencia en cualquiera de sus formas.

En los profesionales (sobre todo de la salud, en docentes, cuidadores de personas, etc.), adopta una forma específica llamada síndrome de *burnout* o "de la cabeza quemada".

La mujer sigue siendo discriminada en lo laboral, social, judicial, etc.

Existe una idea errónea de que el estrés afecta más a determinadas clases socio-económicas, las más altas. Sin embargo, la mayor cantidad de enfermos y muertos por causas cardio y cerebrovasculares íntimamente ligadas al estrés se encuentra entre las clases más postergadas, más pobres y marginales de la sociedad.

En este sentido, Latinoamérica va lamentablemente a la cabeza de las estadísticas en relación a que es el continente con mayores desigualdades socio económico culturales.

- Recién se refirió al síndrome de *burnout*. ¿Exactamente qué es?

- Es una forma de estrés laboral que afecta específicamente a las personas que trabajan prestando servicios de atención a otras personas. Lo describió un médico suizo, Freudenberger, que realizaba una pasantía por un hospital de Nueva York alrededor de 1970. En ese lugar estaban internados un gran número de "chicos de la calle", del Bronx neoyorquino, huérfanos y muchos de ellos drogadictos. Lo que serían nuestro "niños del paco" hoy. El personal sanitario (médicos, psicólogos, enfermeras, etc.) contaba con muy pocas herramientas para tratarlos con alguna posibilidad de éxito y por otra parte esos niños desvalidos se aferraban afectivamente a cualquiera de ellos que les prestara alguna atención. Esa combinación de impotencia y desborde afectivo provocaba alteraciones en el personal que Freudenberger se dedicó a observar y estudiar. Los niños se referían a sí mismos como que tenían la "cabeza quemada" por las drogas y ese mismo término lo utilizó para designar el síndrome que afectaba a quienes los atendían.

Poco después, dos neuropsicólogas, Crystina Maslach y N. Jackson lo tipificaron como un síndrome de estrés crónico, describieron sus tres dimensiones (desgaste emocional, despersonalización y fracaso de la realización personal) y confeccionaron el MBI (Maslach Burnout Inventary) que hoy se utiliza en todo el mundo para diagnosticar este cuadro clínico.

Una forma especial de *burnout* es el *mobbing*, término inglés que designa el acoso u hostigamiento laboral al que es sometido una persona o un grupo de personas a fin de destruir su reputación, minar su dignidad personal, denigrarlo y humillarlo a efectos de que abandone su puesto de trabajo. Entre nosotros, un médico dedicado a las especialidades laboral y legal de la salud mental, el Dr. Adán Agreda Pereyra, con mucho acierto propone denominarlo *sevicia*.

- ¿Cómo explicaría la distinción entre "eustrés" y "distrés"?

- Eustrés sería el estrés agudo normal. Distrés el estrés prolongado o crónico. El primero no solo es normal sino indispensable para la vida. El segundo es potencialmente letal.

Capítulo II

Estrés y ansiedad

- ¿Cómo se puede distinguir al estrés de un trastorno de ansiedad?

- Los términos ansiedad y estrés son utilizados en muchísimas ocasiones como sinónimos, porque reflejan sensaciones y provocan síntomas similares.

Las diferencias son muy sutiles y en parte responden al concepto dominante de la separación entre mente y cuerpo.

La ansiedad puede ser entendida como sensación de inquietud, temor o aprensión como concepto psicológico ligado a lo que se denomina "estado", que sería algo transitorio o "rasgo" cuando se refiere a tendencias estables y permanentes en el individuo que parecerían pertenecer más al campo de lo temperamental, a lo genético. Como estado puede ser solamente un síntoma ligado a una situación específica.

El estrés surgió en el campo médico más como un fenómeno de tipo estímulo-respuesta, muy influido por el entorno cambiante al que el ser humano debe adaptarse, a las conductas de supervivencia, con una relación inmediata y lineal con determinadas respuestas psicofisiológicas.

En la reacción de alerta del estrés, el estado de ansiedad se ubicaría precisamente más como estado que como rasgo. En esa línea conceptual quienes tengan más ansiedad como rasgo estable, posiblemente puedan ser más vulnerables ante las situaciones de estrés.

En la psicología actual la ansiedad es entendida como una respuesta emocional que tiende a ser concebida como un patrón en el que interactúan tres sistemas de réplica: cognitivo, fisiológico y motor. Es la llamada Teoría tridimensional de la ansiedad de Lang (1968).

En esencia, las respuestas fisiológicas y motoras no difieren con las provocadas por la reacción de alerta en la primera fase del mecanismo de estrés. Pero esta reacción no requiere procesamiento cognitivo alguno.

En términos prácticos, ansiedad y estrés agudo son habitualmente lo mismo aunque el estrés no requiere un proceso cognitivo previo, es una reacción totalmente inconsciente, inmediata e instintiva.

La ansiedad provoca reacciones a nivel psiconeurobiológico que en realidad son las mismas que se producen al ponerse en marcha los sistemas del estrés. Primero se activa el sistema simpático, luego el neuroendócrino y al final el inmunológico.

Sus principales efectos inmediatos son producidos por la liberación por parte de órganos específicos (sistema simpático y glándulas adrenales o suprarrenales) de las llamadas catecolaminas: dopamina, noradrenalina y adrenalina.

Ya hemos conversado sobre cómo el sistema simpático (parte del sistema nervioso autónomo que tiene dos grandes divisiones: el simpático que en general es "activador" y el parasimpático, que habitualmente "frena" las reacciones orgánicas) se activa de manera automática y autónoma ante un estímulo, cuando se percibe peligro, inseguridad, miedo, etc., sin relación con el cerebro consciente.

Vemos que la reacción de estrés agudo puede generarse antes que tengamos conciencia del hecho que la produce, sin intervención cognitiva, como sucede en animales que tienen solo un cerebro muy primitivo. Difícilmente diríamos que ese animal está "ansioso".

En todo caso podemos suponer que al percibir (por la vista, el olfato, el oído gusto o tacto) algo que desconoce, debe sentir algo parecido al miedo.

Es posible también que estas especies primitivas que luchan por su supervivencia cuando ya les resulta imposible la fuga ("¡no acorralen al gato...!") sientan algo parecido a la ira, puesto que lucharán hasta matar o morir. El miedo y la ira son seguramente las emociones más ancestrales y hay quienes dicen que aun los pequeños seres tendrían algo de "mente"…

Dijimos que de manera práctica la fase aguda del estrés, llamado "estado de alerta" y el estado de ansiedad son casi indisolubles, se confunden. Sus manifestaciones fisiológicas como por ejemplo los cambios faciales y corporales, las alteraciones cardiovasculares tales como taquicardia, la vasoconstricción periférica e incremento de la tensión arterial, la dilatación de los bronquios con respiración acelerada, palidez de la piel, sudoración, etc., son las mismas en los dos procesos.

Ocurre lo mismo con el incremento del metabolismo por estimulación del eje tiroideo, el aumento de la manufacturación de glucosa a través del eje suprarrenal, etc.

La diferencia se marca en el componente cognitivo que en la ansiedad precede a los otros y le da una connotación emocional negativa.

Como ejemplo podemos imaginarnos enfrascados en una lectura en la que estamos muy concentrados. En ese momento se oye un fuerte ruido, como un estallido. Inmediatamente se producirá la reacción aguda de estrés o de alerta con su componente simpático (taquicardia, fijación de la atención en el inminente peligro y demás componentes del mecanismo fisiológico del estrés). Queda claro que la reacción de estrés agudo comenzó a desencadenarse.

En esos espacios mínimos de tiempo, un poquito después, la información llegó a las zonas más evolucionadas del cerebro e inmediatamente se identificó el ruido como provocado por un camión que descarga escombros en una obra en construcción vecina. Inmediatamente parte la órden de cesar el mecanismo de estrés. El proceso cognitivo sirvió para abortar la reacción y volver a la normalidad.

La ansiedad según esa teoría tridimensional generalmente aceptada, requiere un procesamiento cognitivo que provoque un sentimiento más negativo en el campo de lo emocional, que induzca efectos indeseados, diferenciándose de la reacción aguda de estrés que no requiere de ningún proceso cognitivo y puede *generar tanto conductas positivas como negativas.*

En el ejemplo propuesto podremos imaginar y anticipar (proceso cognitivo) que pueden seguir descargando más camiones y mantenemos "encendido" un estado de alerta por más tiempo de lo debido. Esto comenzaría a ser un mínimo estado de ansiedad que como vemos prolongaría el alerta, la primera fase del estrés.

Así como la reacción de estrés es normal y necesaria para la supervivencia, sentir ansiedad, estar ansioso en determinadas situaciones, también es un estado normal y se trata de una reacción que se desencadena *por pensamientos que siguen a una motivación emocional.*

Lo que va a hacer daño es la prolongación de estos estados.

Ahora, debe quedar claro que cuando el estrés se prolonga, también actúan procesos cognitivos. En este caso, tal como lo describieran Lazarus y Folkman, lo importante es cómo cada persona percibe el hecho que provoca la situación. Aquí sí, entonces, intervienen procesos cognitivos complejos, que le atribuirán una determinada escala de valoración a los estímulos. Valoración que será individual y particular en cada persona por la que le atribuirá una determinada importancia.

De nuevo se imbrican los conceptos de ansiedad y estrés. Obviamente, cuando el estrés se prolongue, la ansiedad como síntoma estará siempre presente. Y nadie duda que estaremos muchas veces ansiosos aun inmersos en emociones positivas, como el enamorarse, si tenemos inseguridad sobre los sentimientos del otro, por ejemplo.

Algunos psicólogos insisten en marcar la diferencia en función de las consecuencias que cada uno produce. Y en realidad, cuando la situación se prolonga, las consecuencias son las mismas.

Quizá una forma de diferenciar ansiedad de estrés pueda inferirse de lo que decimos habitualmente. Si estamos a punto de entrar a rendir decimos que nos sentimos "ansiosos" o "nerviosos", pero si nos referimos a lo que nos ocurre en los días previos es posible que digamos que estamos "estresados" ante el examen; de igual manera diremos que el trabajo nos estresa y que nos sentimos ansiosos frente a una entrevista, por ejemplo. Es decir, hablamos de ansiedad y podríamos decir que se trata de estrés agudo, pero por algo conocido, real o imaginario.

Cuando nos referimos a estrés, en general hablamos de estrés prolongado o crónico, no estrés agudo.

Por otra parte, debemos tener claro que no existe ninguna enfermedad que afecte al ser humano que inicialmente no provoque un natural estado de ansiedad. De igual manera, si dicha patología no se resuelve, la ansiedad persistirá e incluso aumentará.

También es cierto que una enfermedad crónica generalmente se acompaña de momentos donde la ansiedad alterna con estados de depresión.

La ansiedad puede ser provocada por un hecho real y tangible o por suposiciones, hipótesis negativas sobre lo que podría ocurrir –se le llama ansiedad anticipatoria- o por percepciones basadas en cuestiones que no necesariamente responden a la realidad de los hechos.

Y por cierto, si esta situación se prolonga puede desencadenar un estrés prolongado.

En este caso, la ansiedad ya responderá a esta nueva situación y pasará a denominarse Trastorno de Ansiedad, que significa que la ansiedad se prolonga en el tiempo.

De una manera arbitraria se habla de Trastorno de Ansiedad Generalizada (TAG), cuando este estado lleva más de seis meses.

Los aspectos psiconeurobiológicos siguen siendo los mismos del estrés prolongado.

- ¿Esto sería el Trastorno de Ansiedad Generalizada (TAG) entonces?

- Los trastornos de ansiedad son entre otros: trastorno de ansiedad generalizada, fobias específicas, fobia social, trastorno de pánico. Quienes lo sufren presentan síntomas psíquicos y físicos todos los días o casi todos los días, que aparecen y desaparecen, lo que les ocasiona dificultades con sus actividades diarias y relaciones personales.

- ¿Qué diferencia hay con la angustia?

- Otros términos utilizados a lo largo de los años como sinónimos han sido los de angustia y ansiedad. En idioma inglés no hay diferencias entre esos términos. En castellano y en alemán se le atribuye a la ansiedad un mayor componente psicológico y a la angustia un componente sintomático más fisiológico, más síntomas físicos.

La palabra angustia proviene del latín *ángor* que se refiere a una sensación de estrechez y cuya raíz griega quiere decir "estrechar", "estrangular". La palabra *ángor* se usa corrientemente para designar el dolor por insuficiencia coronaria, es decir por el "estrechamiento" de una arteria coronaria. Sabemos que una característica de ese dolor es la sensación de "inminencia de muerte".

El estado de ansiedad que se produce por este tipo de situaciones se acopla a los fenómenos físicos del estrés que se está viviendo.

Esta sinergia es muy destructiva porque agrega componentes de activación del sistema simpático que influyen negativamente en el proceso cardiovascular (taquicardia, vasoconstricción, etc.).

¿Por qué se agregan? Porque los sistemas inmunológico y parasimpático informan permanentemente al cerebro sobre lo que sucede en el cuerpo en su totalidad. Por eso se dice que no tenemos cinco sentidos para percibir (vista, oído, olfato, gusto, tacto) sino siete.

No hay división entre mente y cuerpo. Cada vez se conocen más sustancias químicas que interactúan entre ambos.

Capítulo III
¿Cuándo enferma el estrés?

- ¿Se puede estar enfermo de estrés?

- Nadie está enfermo "de estrés", se está enfermo "por estrés" y solo cuando es prolongado. ¿Y por qué resaltamos esta diferencia? Porque el estrés es un fenómeno normal. Solo cuando es prolongado enferma. Recuérdese lo escrito sobre el colesterol en el capítulo 1. Esta sustancia es fundamental para la vida y son innumerables las sustancias químicas indispensables que se forman a partir del colesterol, sin embargo es sabido las consecuencias de su exceso prolongado, básicamente su participación en la arterioesclerosis.

Lo mismo podemos decir de la glucosa, indispensable para la vida, pero terriblemente nociva cuando es excesiva en la diabetes.

En el mundo se ha popularizado el término estrés y se lo utiliza, en realidad de manera incorrecta, para designar los trastornos y enfermedades por estrés prolongado. De manera que nosotros también cuando hablamos de estrés, en general lo referimos con ese mismo sentido porque como ya vimos, no se popularizó el término distress que oportunamente propuso Selye.

La palabra "stress" o "estrés" en español, es un término (como ya vimos, traído de la física) que se utiliza para sintetizar el concepto del síndrome general de adaptación.

- ¿Y qué es el Síndrome General de Adaptación?

Los seres vivos que habitamos el planeta debimos adaptarnos constantemente a las diversas contingencias de la vida, a los permanentes peligros, a los cambios en las condiciones ambientales, afectivas, sociales, económicas, ecológicas, etc.

Los humanos como otros especímenes, venimos adaptándonos desde hace cientos de miles de años y esa capacidad de adaptación es la que nos ha permitido sobrevivir y evolucionar como especie.

Lo mismo sucede durante la vida en cada uno de los individuos.

Un fisiólogo del siglo XIX, Claude Bernard desarrolló el concepto de "medio interno" del organismo. El concepto fue evolucionando hasta comprender todas las reacciones de tipo físico químicas que interactúan básicamente en la sangre y la nutrición, depuración y oxigenación de los diferentes sistemas orgánicos.

El estado de equilibrio de ese medio interno fue denominado "homeostasis" por Walter Bradford Cannon, pionero en las investigaciones sobre la psicofisiología del estrés, alrededor de 1915.

Tal equilibrio no es estático. Permanentemente hay cambios necesarios para la vida que provocan alteraciones del equilibrio interno (de la homeostasis) que esencialmente son de dos tipos: los que mantienen la propia vitalidad, los comúnmente denominados signos vitales como respiración, pulso, temperatura, etc.; y los que se producen con el fin de superar y adaptarnos a las distintas situaciones que enfrentamos.

Tales cambios se manifiestan por intermedio de sustancias químicas (neuro hormonas, neurotransmiosres, citoquinas, etc.), procesos que Cannon denominó "desequilibrios homeostáticos" y luego Selye los llamó *Síndrome General de Adaptación* (SGA).

En condiciones normales todo organismo está en un estado de equilibrio que no es estático sino dinámico. Hay un cambio permanente en todos los sistemas orgánicos para movernos, pensar e incluso dormir.

El corazón no se detiene nunca, tampoco la respiración, los sistemas de regulación de la temperatura, la digestión, la regulación de los ritmos biológicos, el funcionamiento cerebral, etc.

La vida es un constante "equilibrio – desequilibrio - nuevo equilibrio", o si queremos "homeostasis – desequilibrio – nueva homeostasis".

Si ese proceso se inmoviliza, cesa la vida. De manera que el

SGA es lo que nos hace estar y seguir vivos.

También está claro que el estado de equilibrio u "homeostasis" nunca será el mismo, constantemente estamos entrando a un nuevo equilibrio homeostático y eso es el devenir de la vida, una permanente adaptación.

Es buena como analogía una frase de Don Atahualpa Yupanqui cuando dice que "nunca nos bañamos en la misma agua del río, el río siempre sigue corriendo".

De allí que el *síndrome de adaptación*, no es otra cosa que la puesta en marcha ante cada nueva contingencia que la vida nos proponga, del complejo mecanismo del sistema del estrés mediante la activación y movilización de tres ejes o subsistemas: simpático, neuroendócrino e inmunológico.

a) El primero actúa muy rápido. Ante la percepción de un hecho potencialmente nocivo, se activa el sistema nervioso *autónomo* (compuesto como vimos por dos divisiones: simpático y parasimpático) que como su nombre lo indica, funciona de manera absolutamente independiente de cualquier control mental o cerebral y provoca las dos conductas más comunes de reacción en todas las especies animales para preservar su supervivencia: la huida o la lucha.

Esta reacción está mediada por la liberación *inmediata* de sustancias químicas denominadas catecolaminas (la más conocida es la adrenalina) para responder al eventual peligro.

b) Los otros subsistemas son un poco más lentos. El neuroendócrino activa diversas hormonas con el fin de dotarnos de suficiente energía y;

c) el sistema inmunológico (timo, ganglios, bazo, médula ósea, etc.) que inicialmente se activa para incrementar nuestras defensas.

Todos estos cambios son conducentes a la preparación, mediante una rápida movilización energética y defensiva, para la huida o la lucha.

Información para profesionales de la salud:
1. El *hipotálamo* es un núcleo que se encuentra en la base del

cerebro, en su parte media. Como todo núcleo cerebral está compuesto básicamente por neuronas y células gliales. Las primeras cumplen funciones psico neuro inmuno endócrinas y las segundas son las que proveen de sostén metabólico y reproductivo a las primeras. El hipotálamo es fundamental para el funcionamiento integrado entre la mente y el cuerpo y es el gran regulador de todas las funciones endócrinas, metabólicas, reproductivas, etc. Produce muchas sustancias que iremos conociendo en distintos relatos. El CRH o Factor de Liberación de Corticotrofina (o ACTH) por la hipófisis es quizá la neurohormona más importante.

2. La *hipófisis* es una glándula endócrina que está como colgada de la base del cerebro, en directa relación con el hipotálamo incluso a través de un sistema circulatorio muy especial, que la une funcionalmente con ese núcleo cerebral. A partir de estímulos recibidos desde el hipotálamo por medio de diversos factores liberadores (siempre son sustancias químicas de estructura proteica, llamadas polipéptidos) produce otros péptidos hormonales que van a activar las diversas glándulas que conforman el sistema endócrino: tiroides, mamas, gónadas, suprarrenales, y a producir efectos sobre el crecimiento (somatotrofina), la presión arterial y el volumen sanguíneo (vasopresina u hormona antidiurética), etc.

3. Las glándulas suprarrenales están ubicadas encima de los riñones. Son estimuladas por el ACTH producido por la hipófisis para secretar cortisol, fundamental para el mantenimiento de la adaptación. Las suprarrenales o adrenales, también producen aldosterona, importante para el mantenimiento de las cantidades vitales necesarias de sodio y líquidos en el organismo. La zona medular de estas glándulas produce adrenalina que se suma al pool del sistema simpático.

- ¿Qué se produce en el organismo por la activación de estos sistemas?

- Las catecolaminas (noradrenalina - adrenalina) que aumentan en el estrés producen:

- aumento de pulsaciones (frecuencia cardíaca), lo que llamamos taquicardia;
- estrechamiento por contractura de la pared de diversas arterias (vasoconstricción periférica) que puede advertirse por ejemplo, en la palidez de la piel porque circula menos sangre, lo que ocurre también en otros órganos (como los digestivos y riñones), con el fin de derivar más caudal al cerebro, corazón y músculos que estarán muy ocupados para vigilar, fugar o luchar. En esos órganos, en cambio, las arterias se dilatan para permitir el mayor ingreso de sangre y con ello de oxígeno transportado por los glóbulos rojos y de glucosa para obtener más energía;
- la taquicardia y la vasoconstricción periférica producen el aumento consiguiente de la tensión arterial para que la sangre fluya más rápido;
- dilatación de los bronquios con aumento de la frecuencia de la respiración para incorporar más oxígeno;
- dilatación de las pupilas (se llama midriasis) para ampliar el campo visual, vigilar mejor, etc.

La activación del eje neuroendócrino provoca un incremento de producción del cortisol, secretado por las glándulas suprarrenales (o adrenales) en el estrés, que entre otras cosas:

1. aumenta el nivel de glucosa en sangre; el azúcar sanguíneo o glucosa se combina con el oxígeno —como la nafta y el oxígeno en un motor de combustión-, para producir la energía que necesitamos a nivel celular tanto para movernos, como para pensar;
2. para ello extrae glucosa de los depósitos naturales (sobre todo del hígado) y provoca la conversión a glucosa de grasas almacenadas en el tejido adiposo;
3. estimula inicialmente al sistema inmunológico (linfoci-

tos y macrófagos de la sangre) y tiene intensa actividad antiinflamatoria;

4. junto a la aldosterona que retiene sodio (sal) y agua a nivel de los riñones, aumenta el volumen de sangre circulante;

5. contribuye, ocupando receptores específicos a nivel del cerebro, a tener mayor capacidad de atención y reconocimiento, mejorando las aptitudes cognitivas y colaborando con el nivel de alerta provocado por el incremento de adrenalina y noradrenalina.

6. Otra hormona que produce la glándula hipófisis, la vasopresina (VP) u hormona antidiurética acentúa la acción de las catecolaminas a nivel cardiovascular y por otra parte aumenta la retención de líquido en el riñón, para mantener y aumentar el volumen sanguíneo.

En realidad esto sucede en todas las especies animales, aun las más primitivas, que sufren cambios similares en sus sistemas orgánicos cuando deben adaptarse a los cambios o enfrentar situaciones que perciben como peligrosas para su supervivencia.

Lo importante es que todas estas acciones cesan inmediatamente cuando desaparece o se ha afrontado con éxito lo que provocó la situación de alarma y el organismo vuelve a un nuevo estado de homeostasis (equilibrio interno).

Ahora, cuando esto no es posible porque lo que provocó la reacción se prolonga en el tiempo sin resolverse o se repite con continuidad, los mecanismos referidos se perpetúan, no cesan, no se reequilibran.

- ¿Entonces, qué sucede cuando el estrés se prolonga?
- Todas las sustancias que se movilizan ante situaciones estresantes (las que describimos y muchas otras), actúan más tiempo del debido y comienzan a ser nocivas para el propio organismo.

El incremento constante de catecolaminas produce taquicardia y aumento de la cantidad de sangre que circula por las arterias –tanto en velocidad como en volumen sanguíneo o cantidad de sangre-, además de vasoconstricción de las arterias.

Se provoca un efecto que podemos ejemplificar como similar al aumento de presión del chorro de agua de una manguera (las arterias), porque abrimos más la canilla (mayor volumen) y a la vez la apretamos, la comprimimos. Así se desencadena la hipertensión arterial que es un aumento de la presión del "chorro" de sangre contra las paredes de las arterias (la manguera).

Por otra parte la taquicardia sostenida, demanda cada vez más oxígeno para la oxigenación del músculo cardíaco, de un corazón sobrecargado que funciona aceleradamente, lo que unido a los cambios en los niveles de sales como el sodio y potasio en el organismo, pueden eventualmente producir arritmias e insuficiencia cardiaca.

El estado de alerta, de vigilancia constante, es producto de la activación simpática y secundariamente por la acción de una hormona (CRH o Factor Liberador de Adrenocorticotrofina) que produce el hipotálamo que entre otras cosas ocupa sus respectivos receptores cerebrales.

Me gustaría detenerme un poco en estos conceptos porque creo que si puedo conseguir que se entiendan, dan pautas que permiten comprender cómo es la interacción mente cuerpo.

La idea de la "adrenalina" está culturalmente y socialmente aceptada como sinónimo de estímulo, activación del organismo. Es común escuchar "me invade la adrenalina", "necesito sentir la adrenalina" y cosas similares y efectivamente es así. Esa adrenalina que es una sustancia química, es producida por los componentes del sistema simpático ubicados en el tronco cerebral (la parte que une la médula espinal con el cerebro y que se localiza en la nuca) y en otras partes más periféricas del organismo. Actúa de la manera que fue descripta y también activa un núcleo nervioso de gran importancia que se encuentra en la base del cerebro que se llama hipotálamo.

El hipotálamo reacciona produciendo la hormona CRH que fue mencionada anteriormente que va a desencadenar la estimulación de glándulas de secreción interna que ya están fuera del cerebro (hipófisis, suprarrenales y otras).

Por otra parte, desde el hipotálamo van y vienen fibras de

asociación hacia y desde zonas más evolucionadas del cerebro, la corteza cerebral y fundamentalmente a un pequeño cúmulo de células nerviosas ubicadas en el lóbulo prefrontal que solo poseemos los seres humanos. Allí residen entre otras cosas nuestras principales funciones cognitivas.

Es la corteza prefrontal la que podrá frenar el sistema o lo podrá activar aún más, según la valoración que haga del factor desencadenante.

Si se activa va a estimular más al hipotálamo que en tal caso reacciona segregando más CRH y otras hormonas relacionadas con el estrés por una parte y devolviendo la estimulación a los núcleos simpáticos del tronco cerebral que segregarán más adrenalina.

El sistema hormonal activado culminará con la producción de más adrenalina en este caso producida en mayores cantidades en la glándula adrenal (de allí el nombre de adrenalina) que también produce otras hormonas, de las que nos interesa principalmente el cortisol.

Todo para prepararnos para la huida o la lucha.

Todo está activado hasta que el lóbulo prefrontal dé la orden de descanso, porque evaluó que la situación estresante dejó de serlo.

Quizá sorprenda que hablemos de hormonas que son segregadas por núcleos nerviosos del cerebro. Antes se creía que las hormonas eran solo producidas por las llamadas "glándulas de secreción interna". Hoy se sabe que pueden ser sintetizadas en numerosos órganos y sistemas, incluido el cerebro.

Por otra parte, dentro del cerebro existen innumerables lugares que pueden ser individualizados, denominados receptores, donde pueden actuar prácticamente todas las hormonas que se producen en diversos lugares del organismo.

El incremento y prolongación de la producción de la hormona CRH llevará a la ocupación plena de sus receptores específicos en el cerebro, lo que produce una situación de marcada ansiedad que cuando se prolonga en el tiempo se denomina *trastorno de ansiedad generalizada*, que puede ser seguido de *fobias y pánico*.

Todo esto va acompañado de una cantidad de signos clínicos, también producto de la acción de múltiples sustancias químicas alteradas como neurohormonas, neuro-péptidos, citoquinas, etc., que interactúan en todo el organismo y que –como dijimos- son producidas en diversos órganos y sistemas además del sistema nervioso, causando enfermedades digestivas, endócrinas, jaquecas, vértigos, dolores en articulaciones y grupos musculares -cervicobraquialgias, fibromialgias, lumbalgias, etc.-, alergias, coronariopatías, activación o reactivación de enfermedades oncológicas, etc.

- ¿Por qué es importante que el cortisol se mantenga en el nivel adecuado?

- El incremento prolongado del cortisol provoca además de elevación de la glucosa, un tipo especial de obesidad periférica y visceral con engordamiento en la cintura abdominal –más en el hombre- y en la pelvis –más en las mujeres-, con aumento de células llamadas adipocitos que a su vez producen diversas hormonas que entre otras cosas contribuyen, con el cortisol y la adrenalina a la aparición de resistencia a la acción de la insulina (insulino resistencia), lo que puede llevar con el tiempo a la diabetes tipo II.

Por otra parte, la movilización de los lípidos -las grasas- inicialmente inducida por el cortisol, junto al sistema simpático para fabricar más glucosa con el fin de dotar al organismo de energía, derivará en un aumento de triglicéridos y alteraciones del colesterol, bajando el HDL ("bueno o protector") y aumentando el LDL (el "colesterol malo"), con mayor riesgo de desarrollo de arteriosclerosis.

El cortisol produce inicialmente, cuando es necesario afrontar con éxito el estrés agudo, movilización de sustancias antiinflamatorias que son producidas en el sistema inmunológico por un tipo muy especial de glóbulos blancos llamados linfocitos. Esas sustancias se llaman Interleuquinas (IL) o citoquinas (CK) antiinflamatorias.

Pero cuando el incremento del cortisol es prolongado va a llevar a que viren esas CK "protectoras" a otras de tipo proinflamatorio, desarrollándose un proceso que va a culminar en inflamaciones diversas (las distintas "itis"): en articulaciones (artritis), en músculos (miositis) con desarrollo de contracturas y dolores, en las arterias (arteritis y endotelitis) con los consecuentes problemas de obstrucción y formación de coágulos (trombos), que llevarán a la producción de arterioesclerosis y enfermedades coronarias o cerebrovasculares.

Hoy está de moda hablar de "síndrome metabólico" constituido por alteraciones en las grasas de la sangre, insulinoresistencia o diabetes tipo II, obesidad abdominal, hipertensión arterial y eventualmente pérdida de proteínas por la orina (microalbuminuria). Aun el más lego en esta materia puede fácilmente darse cuenta cómo el estrés prolongado crea las condiciones para el desarrollo de este síndrome, preludio cercano de las enfermedades coronarias y cerebrovasculares.

El cortisol, tanto cuando está incrementado de manera prolongada como cuando está por debajo de sus valores normales, influirá negativamente en el sistema inmunológico, provocando inmunodepresión (baja de las defensas y facilidad para enfermarse) e inmunopatías por alteración de la memoria inmunológica, una suerte de desconocimiento de cuáles son las células y tejidos propios por parte del sistema inmune que lleva a desarrollar enfermedades denominadas autoinmunes o autoagresivas porque las ataca como si fueran extrañas (provocan un rechazo similar a un órgano transplantado).

- ¿Y a qué se deben las alteraciones cognitivas del estrés?
- Por el efecto tóxico de determinadas sustancias que se movilizan e incrementan en el estrés prolongado sobre las células principales del cerebro, las neuronas (efectos neurotóxicos).

Como siempre, la acción del cortisol sobre las neuronas al principio, en la etapa inicial del estrés es positiva, contribuyendo a mejorar las capacidades cognitivas.

Todos sabemos que lo que no hemos podido aprender estudiando los días previos, lo podemos hacer cuando comenzamos a estresarnos ante la inminencia del examen puesto que incrementamos notablemente nuestras capacidades cognitivas. Esto sería un estrés "bueno" y se produce este efecto por acción del cortisol y ciertos aminoácidos que actúan como neurotransmisores a nivel cerebral.

Pero el incremento prolongado del cortisol provoca luego alteraciones en las capacidades de concentración, atención y pérdidas de memoria.

Esto ocurre al ocupar en más cantidad y durante más tiempo del normal, sus receptores específicos en zonas muy importantes del cerebro como el hipocampo y la corteza cerebral prefrontal.

Una vez más lo que en principio es bueno durante un corto lapso de tiempo es nocivo cuando se prolonga.

La neurotoxicidad por otra parte, se ve incrementada en el estrés por otros efectos más complicados de explicar.

Se produce por ejemplo, una sobreestimulación de receptores cerebrales a aminoácidos exitatorios (llamados NMDA) como el neurotransmisor glutamato[2], y desvíos en el metabolismo de otro aminoácido llamado Tryptofano[3]. Esto lleva por un lado a que se sintetice menos serotonina[4] en el cerebro y por otro, a que se desvíe ese metabolismo a la producción de sustancias (como la quinurenina) que son muy neurotóxicas.

---

[2] Los Aminoácidos Exitatorios son neurotransmisores que actúan en la comunicación (exitación) entre las neuronas (la zona de contacto entre ellas se llama sinapsis). El principal es el glutamato o ácido glutámico. Cómo su nombre lo indica son activadores del funcionalismo cerebral; pero cuando superan su nivel adecuado producen hiperexitabilidad y neurotoxicidad.

[3] El Tryptofano es uno de los aminoácidos esenciales que se incorpora al organismo mediante la ingesta de una dieta equilibrada (está contenido en la leche, el chocolate, etc). Los aminoácidos en general están constituidos por cadenas de elementos químicos combinados llamados péptidos y forman la estructura de las proteínas. El Tryptofano es indispensable para la formación de la serotonina. Si se desvía su metabolismo se formarán quiureninas que son altamente tóxicas sobre las neuronas y naturalmente descenderá el nivel de serotonina.

[4] La serotonina es un neurotransmisor que actúa en diversos centros cerebrales y su acción está relacionada con la sensación de bienestar, la conciliación del sueño, el equilibrio emocional, la ansiedad y la depresión entre otras. De la serotonina deriva la melatonina, fundamental para la conservación del ritmo sueño-vigilia.

Capítulo IV
Estrés y las llamadas "carpetas psiquiátricas" - Prevención

- ¿El estrés es un trastorno psiquiátrico o psicológico?

- Algunos profesionales insisten en que así debe ser catalogado y en el DSM IV -un manual que establece requisitos para diagnosticar trastornos o enfermedades psiquiátricas- se lo define como "trastorno desadaptativo".

Ya hemos hablado sobre el Síndrome General de Adaptación, que fue definido por Selye en 1930 como "un padecimiento de todo el organismo", y de todo lo que significa el sistema de estrés con las alteraciones que el organismo en su totalidad sufre cuando se prolonga.

A la luz de los conocimientos médicos, desde los trabajos de Cannon y Selye hasta el aporte de la **psiconeuroinmuno-endocrinología** (PNIE), en la actualidad, no es lógico pensar que es un trastorno psiquiátrico.

- Entonces, las personas que padecen estrés laboral, no deberían ser catalogadas como afectadas por "trastornos psiquiátricos".

- Por supuesto que no. Esta concepción anacrónica que aún persiste en nuestro país por imperio de leyes laborales anticuadas, lleva a que una gran cantidad de trabajadores jóvenes, como quienes trabajan en call center, o docentes de todos los niveles sean catalogados como afectados por enfermedades psiquiátricas y se denominen a sus licencias laborales como "carpetas psiquiátricas".

- ¿Por qué la confusión?

- Debemos recordar la diferencia entre Psiquiatría y la Psicología. La primera se constituye como especialidad para tratar las enfermedades (de "iatro": enfermedad) de la psiquis y la segunda para su estudio o investigación (logos). De manera que hablar de Psiquiatría es hablar de enfermedad mental.

En este sentido debemos diferenciar muy bien lo que es un síntoma, un síndrome, lo que puede configurar un trastorno de lo que es una enfermedad.

Un conjunto de síntomas, cuando se repite de manera constante ante una misma noxa, ante un mismo hecho o estímulo constituirá un síndrome. Síntomas, síndromes o trastornos no constituyen por sí mismos una enfermedad.

Las enfermedades mentales, incumbencia específica de la Psiquiatría están bastante definidas.

Los síntomas psicoemocionales e incluso trastornos y síndromes pueden ser de incumbencia de médicos de diversas especialidades con una buena formación en medicina interna o medicina clínica.

El estrés laboral provoca síntomas diversos que pueden constituir un síndrome como el conocido "burnout" perfectamente tipificado y estudiado científicamente.

La psicología contribuye al diagnóstico sintomático, sindrómico e incluso a la detección de enfermedades psiquiátricas. Lo hace desde diversos lugares según escuelas, métodos y distintos tipos de terapias.

Cada vez más se dejan de lado en el mundo científico las interpretaciones subjetivas que por supuesto conservan gran valor según la experiencia de cada profesional y se recurre al auxilio de métodos neuropsicológicos, de neuroimágenes, bioquímicos y genéticos para diagnóstico.

- ¿Es cierto el dato estadístico de que Argentina es uno de los países del mundo con mayor cantidad de "carpetas psiquiátricas"?

- Esta concepción del estrés laboral ha llevado a que seamos una sociedad con una altísima incidencia de "carpetas psiquiátricas", lo que desde luego no es cierto.

Se utiliza esta calificación para intentar de ese modo desestimar los pedidos de licencia, puesto que en nuestra sociedad se estigmatiza a quien padece un trastorno o enfermedad psíquica.

También se utiliza para amenazar al afectado con comunicar ese estado a las bases de datos de los lugares donde se selecciona personal.

En general se procura de ese modo desalentar el ausentismo y eventualmente conseguir que los empleados, por temor, renuncien en el ámbito privado y soliciten licencias sin goce de sueldo en el público.

Es una de las tantas corrupciones de nuestros sistemas.

Los médicos de control involucrados no pueden hacer como que ignoran las consecuencias del estrés laboral prolongado, amparándose en disposiciones legales vetustas.

Sabemos que muchos no pueden pensar que exista aquello que no conocen. A ese desconocimiento lo llamamos ignorancia.

Pero en medicina, no conocer hoy lo que produce el estrés prolongado sobre el organismo debería considerarse negligencia o impericia. Se puede leer y capacitarse sobre el tema en todo tipo de publicaciones científicas al alcance de cualquier profesional de la salud.

- La prevención tiene un papel cada vez más decisivo para evitar enfermedades o mitigar sus consecuencias ¿Qué medidas se pueden tomar para prevenir el estrés?

- Hablar de prevención de la salud en la actualidad, es hablar de aprendizaje adaptativo del manejo emocional y obliga a pensar con una concepción multidisciplinaria. No es solo un problema a resolver por los profesionales de la salud, se requiere de expertos en tecnologías educativas, sociólogos, economistas, filósofos y muchos otros.

Cuando desde la medicina hablamos de "cambios de la calidad de vida" no nos debemos referir solo al hábitat, al confort, dietas o ejercicios. Se trata de procurar un cambio interior tan profundo que permita adaptarse a condiciones de vida que quizá sean inmodificables.

Y eso está dentro del campo de la filosofía de vida y de la educación de la inteligencia para modular las respuestas emocionales.

Por eso proponemos entre otras cosas:

1. Manejo adecuado de la emocionalidad. Reconocer las emociones que se sienten, analizar y evaluar sus motivos para moderar las reacciones emocionales utilizando la inteligencia.

2. Recordar que las reacciones impulsivas generalmente son irracionales y no llevan a nada útil. El enojo, la ira, el rencor, el resentimiento solo hacen daño a quien lo siente, no tienen ningún efecto sobre quien o qué lo provoca. Todos estos estados desencadenan el mecanismo del estrés y en pocas horas pueden provocar enfermedades cardiovasculares graves por procesos inmuno inflamatorios agudos.

3. Tratar de llegar a ser quien realmente se quiere ser, no quien los demás (aunque sean muy significativos) quieren que uno sea. Pero esforzándose por lograrlo, sin utilizar el argumento de que la culpa es de otros, como pretexto ante uno mismo para no ser en definitiva, nada.

4. Aspirar a lograr el máximo rendimiento de las cualidades personales, tanto en lo intelectual, emocional, profesional, laboral, etc., para progresar intentando ser cada vez mejor. Buscar satisfacción y gratificación en y con uno mismo por los logros, sin buscar el reconocimiento externo.

5. Vivir de acuerdo con esas convicciones. Interactuar y rodearse de personas con quienes se compartan estos principios. Ser coherente y con suficiente flexibilidad y apertura mental, para receptar las críticas y poder efectuar la necesaria autocrítica, aceptando que se puede cambiar y explorar nuevas posibilidades.

6. Procurar siempre disfrutar mucho de lo que se tiene cuando se obtuvo como producto del esfuerzo, sin haber cedido irrazonablemente a la "cultura del tener", más para aparentar que para cubrir una necesidad.

7. Si se tiene capacidad para liderar y conducir, no caer en la "sensualidad del poder".

8. Nunca creerse indispensable.
9. Ordenar la "agenda de la vida" otorgando prioridades a lo afectivo y evitar vivir de urgencia en urgencia.
10. Vivir ordenada y moderadamente. Apasionarse solo por aquellas cosas que valen la pena en los planos afectivos y en la gratificación espiritual.
11. El día se divide en tres tercios. Uno para trabajar, uno para dormir y uno para disfrutar de las cosas lindas de la vida.

- ¿Y qué medidas se pueden activar para combatirlo una vez está instalado?
1. Todas las anteriores, aunque haya que cambiar creencias culturales y estilos de vida.
2. Si se ha llegado a padecer alguna de las enfermedades relacionadas con el estrés, el problema es mayor porque el cambio debe extenderse a todo el grupo familiar con el que se convive.
3. Las personas no se enferman solo por sí mismas sino que también están influenciadas por un entorno de enfermedad.

El ejemplo más típico es el ejecutivo que sobrevive a un infarto y debe dejar de "producir" tal como lo hacía en su trabajo, para poder recuperarse. Es posible que esto repercuta profundamente sobre el nivel de vida de su familia (marcando el fin de las escuelas privadas, clubes exclusivos y ropas de marca, cuotas hipotecarias que obligarían a disminuir el tipo de vivienda, cambios de barrio, de automóvil, costumbres, etc., etc).

El cambio de "calidad de vida" en lo material debe ser decidido y aceptado por todos, quienes además deberán aprender a priorizar otros valores afectivos y emocionales para entender que "calidad de vida" es *disfrutar a pleno de lo que es posible tener.*

Si el cambio no se extiende al entorno y la persona que enfermó se ve compelida a seguir con el mismo ritmo de vida anterior, por más dietas, gimnasia y tratamientos específicos que haga, tendrá un pronóstico malo.

CapÍtulo V

Enfermedades psicosomáticas. La división
mente-cuerpo. Nuevas enfermedades. Clínica
del estrés prolongado

- ¿Qué se entiende por enfermedad psicosomática? ¿Cómo se define una "somatización"?

- El término psicosomático en realidad tiende a unir las causas y manifestaciones de las enfermedades en un solo proceso, lo que naturalmente está bien. Pero se lo utiliza con el sentido de "somatización", que sería algo así como la repercusión sintomática en el cuerpo de una alteración o trastorno "nervioso" o "psicológico" sin mayores explicaciones sobre sus "cómos" y "porqués", como si tales padecimientos fueran imaginarios.

En realidad todas las enfermedades son psicosomáticas, dado que lo que se enferma es la persona en su totalidad, no solo una parte de ella.

Las manifestaciones clínicas de la enfermedad pueden estar en algún momento más representadas por síntomas psicoemocionales y también puede suceder al revés. Pero siempre va a haber un compromiso integral del organismo psicofísico.

El desconocimiento de los mecanismos por los que se unifican e interactúan los procesos salud-enfermedad en todo el organismo psíquico y físico dio a lugar a eufemismos, tales como "somatización" o sintomatología "psomatomorfa" y también al "neuroticismo" y otros términos similares.

El estudio y desarrollo de la psiconeuroinmunoendocrinología está echando luz sobre todo esto y vuelve al estudio del fenómeno salud-enfermedad de cada persona en su integridad psicofísica.

- ¿Qué ha hecho que siga tan vigente esa diferenciación entre mente y cuerpo?

- El descubrimiento en el siglo XIX del origen bacteriano (ampliado luego a virus, parásitos, etc.) de una gran variedad de enfermedades que diezmaron y aterrorizaron a la humanidad, llevó la mirada de la medicina hacia la interpretación de la enfermedad como un ataque por algo externo a la persona afectada.

En salud se le llama "pasteurización" de la medicina porque este concepto tomó una enorme dimensión por Pasteur con su descubrimiento del virus productor de la rabia, luego seguido por Koch que descubrió la bacteria que produce la tuberculosis.

Esta forma de ver las cosas además estaba en línea con la concepción cartesiana que imperaba en la cultura de la época, y de alguna manera también con antiguas creencias ancestrales, primitivas, supersticiosas que veían la enfermedad como algo externo y hasta diabólico que se apoderaba del cuerpo, como si se tratara de una posesión de espíritus malignos, mal de ojo o cosas similares. Un ejemplo es la creencia desarrollada en la Edad Media sobre el "miasma de los pantanos", que sostenía que ciertas exhalaciones vaporosas de los pantanos producían enfermedades.

De manera que resultó sencillo adaptarse a que todo lo producen virus, bacterias u otras noxas (elementos patógenos del medio ambiente que actúan sobre el organismo).

Estos nuevos conocimientos fueron adoptados de inmediato por el espíritu cientificista y positivista que hoy sigue prevaleciendo. Debemos de todas maneras entender que sin duda, trajeron un enorme progreso para la salud.

No obstante, todo aquello que no era explicado de acuerdo a las nuevas concepciones pasó a ser "esencial" o "idiopático", eufemismos utilizados para enmascarar el desconocimiento sobre el origen o formas de desarrollo de muchos estados patológicos.

En ese marco, y con los medios tecnológicos de la época resultaba casi imposible explicar lo que de todas maneras muchos científicos intuían sobre las conexiones mente-cuerpo. Por eso durante años se siguió y aún se sigue con conceptos divisionistas.

Lo que hizo Freud fue extraordinario y prácticamente lo concibió sólo mediante la observación fenomenológica, aunque conocía todo lo que se sabía de neurofisiología para la época. Ya en 1927 escribió que con el tiempo, todo lo que él describía sobre lo que se interpreta como "neuroticismo" iba a ser explicado por la biología.

Era también, dentro de su gran inteligencia e intuición, un precursor de la PNIE y la Medicina del Estrés.

- ¿Entonces, la "pasteurización" ha sido negativa, como sostienen sus detractores?

- La "pasteurización" en realidad trajo un formidable avance en salud. Nada ha hecho más para el mejoramiento de la salud pública.

Produjo que se instalaran definitivamente conceptos fundamentales como la asepsia, la necesidad de agua potable, de cloacas y tratamiento de deshechos, el desarrollo de las vacunas y de las líneas de investigación que culminaron con la aparición de quimioterápicos como sulfamidas, antibióticos y casi todos los medicamentos que utilizamos actualmente.

Probablemente, junto a la nutrición adecuada, han sido los responsables de un aumento notable de las expectativas de vida de los países desarrollados.

- ¿Y por qué hay tantas nuevas enfermedades o reaparecen algunas que creíamos desaparecidas?

- Una vez instalados los avances referidos antes en materia de salud pública, al menos en países con cierto grado de desarrollo socioeconómico, se comenzó a estudiar por qué había tanta diversidad de comportamientos del ser humano frente a las enfermedades.

Por ejemplo, en una familia (aun en la etapa pre antibiótica) se enfermaban de tuberculosis uno o algunos de sus miembros, *pero no todos*. Y comenzó a revalorizarse el concepto de inmunidad.

Esto ocurrió también con la contemporánea epidemia de

HIV. Incluso en parejas que necesariamente se infectaban uno a otro, el comportamiento de la enfermedad variaba entre un desarrollo agudo y grave en uno de ellos hasta la inexistencia de la enfermedad o el estado de "potador sano" en el otro.

Volvió entonces a revalorizarse el concepto de que "no hay enfermedades sino enfermos" y de la observación de los diversos fenómenos involucrados, nació entre otras la "psico-inmunología" que estudia las relaciones entre personalidades y sistema inmune.

Hoy se da gran importancia al estado de la inmunidad de cada persona frente al proceso de enfermedad y de la íntima relación entre inmunidad y manejo adecuado de la emocionalidad como mediadores del proceso salud-enfermedad.

Se prioriza el concepto de que el enfermarnos o no, depende de nosotros mismos; de cómo logramos mantener nuestro equilibrio interior, nuestro estado de bienestar.

- ¿Cómo pueden detectarse precozmente signos de afectación por estrés prolongado?

- Comienzan a aparecer signos y síntomas de estrés psicoemocional o mental acompañados de algunos síntomas físicos. Estos son:

- Desgaste o cansancio emocional, un gran desgano, fatiga mental y física que habitualmente es desproporcionada con respecto al o los esfuerzos realizados. A veces este estado se encuentra enmascarado en una paradójica hiperactividad no productiva. La sensación que se siente es de "no dar más, no poder más…".
- Estado de alerta y vigilancia constante, desconfianza, inquietud permanente. Es un estado de ansiedad que tiende a prolongarse y no se descontinúa ni siquiera cuando se descansa.
- Cambios de carácter: irritabilidad, hostilidad, cierta agresividad, incluso con familiares, seres queridos, amigos, compañeros de trabajo.
- Frecuentes desbordes emocionales con crisis de angustia, hipersensibilidad y facilidad para el llanto.

- Sensación de frustración, enojo con la situación y con uno mismo por no poder o no saber resolver el problema.
- Intentos de permanecer indiferente, de distanciarse afectivamente y mentalmente de las actividades y de las personas.
- Tendencia al ausentismo, sensaciones de intolerancia al lugar de trabajo, de aislamiento.
- Pérdida de capacidades cognitivas: dificultades en la fijación de la atención, en la capacidad de concentración y pérdida de la memoria de corto plazo denominada "de trabajo"; luego se pierde también la capacidad de consolidación de la memoria.
- Gastritis, reflujo gastro esofágico.
- Sensación de palpitaciones, falta de aire, sudoración, temblor, contracturas musculares en cuello, espalda con dolores cervicales y en ambos brazos.
- Contracturas lumbares (lumbociatalgias).
- Jaquecas, migrañas y trastornos del sueño.
- Padecimiento frecuente de enfermedades virósicas respiratorias, resfríos, anginas, bronquitis y gastrointestinales (gastritis, intestino irritable, etc.).

La persona se encuentra de manera permanente en un estado de ansiedad manifiesta, que cuando se prolonga se transforma en un Trastorno de Ansiedad Generalizada. En la medida que el cuadro persiste se desarrollan trastornos fóbicos y en algunos casos trastornos de pánico. Puede llegarse progresivamente a la depresión, que coincide con la aparición de los síntomas clínicos de enfermedades más graves.

- ¿Cómo llegan a la consulta del médico o del psicólogo?
- En general por los síntomas de tipo psicoemocional que he descripto. Es llamativo que no se le dé importancia a determinadas molestias físicas que se han "internalizado" como si fueran algo casi normal. Es así que si se les pregunta digan "¡Ah, sí! Gastritis tengo hace mucho… Tomo Ranitidiona u Omeprazol (o similares) que

me dio el gastroenterólogo que consulté hace dos años…" o "las jaquecas (lo mismo las contracturas musculares) hace rato que me acompañan y estoy como acostumbrado; no pasa un día que no tenga que tomar un anti inflamatorio (ibuprofeno o diclofenac con frecuencia) o un antijaquecoso (migral y a veces otros con efectos antidepresivos como tryptanol o anticonvulsivantes como topiramato). Y así podríamos seguir.

En mi consulta he llegado a contabilizar en un paciente que había pasado por nueve especialistas, tenía numerosos estudios y estaba polimedicado incluso con medicamentos con interacciones entre sí.

En todos los casos ante la persistencia de los síntomas, quienes atienden las diversas partes concluyen en que "se trata de estrés…", con una tendencia a la banalización del problema.

Es común que a esa altura el paciente tenga mucho miedo, una gran inseguridad sobre lo que le pasa y sobre sí mismo.

- ¿Puede surgir un trastorno de pánico?

- Cuando los miedos se hacen insuperables y se producen incluso sin que se pueda precisar o identificar su origen, cuando se comienza "a tener miedo de sentir miedo…".

Entonces se desencadena por sí mismo el mecanismo del estrés con todas sus consecuencias y comenzamos a hablar de fobias y pánico.

También debemos tener en cuenta que en algunos casos es producto de estrés post traumático, lo que plantea un problema diferente.

- ¿Qué diferencia el estrés en los seres humanos del que sufren los animales?

- Los seres humanos somos capaces de sufrir trastornos y enfermedades por estrés psicoemocional o mental, que tienen origen en nuestro propio interior, dado que podemos provocarnos a nosotros mismos sensaciones de sufrimiento, inquietud, inseguridad, miedo, con solo pensar, formular hipótesis, recordar, recrear, evocar, imaginar, futurizar, etc.

Esto es privativo del ser humano, no lo pueden hacer los animales, y tiene que ver con el mayor desarrollo evolutivo del "cerebro emocional" y de la corteza cerebral, sobre todo de los lóbulos prefrontales.

- ¿Hay diversos tipos de estrés?

- Podríamos nombrar varios tipos de estrés, sin pretender configurar ningún tipo de clasificación y así podríamos decir que hay:

a) Estrés positivo, es el estrés normal que se activa automáticamente frente a un problema percibido claramente, interpretado con rapidez y seguido de una reacción conductual, una decisión inmediata. Una vez resuelto el problema, el organismo vuelve a su normal funcionamiento, recuperando el equilibrio u homeostasis.

b) Estrés negativo: al que deberíamos denominar "distrés". Se trata del estrés prolongado o crónico que puede producir diversas enfermedades y trastornos. El organismo no puede recuperarse, sufriendo por lo tanto un gran desgaste que se denomina carga alostática.

También podemos hablar de:

c) Estrés emocional: se produce por el impacto que producen las emociones cuando no pueden ser moduladas por la razón.

d) Estrés físico: es el que se produce por la agresión al organismo por causas físicas, por ejemplo enfermedades o por sobre-exigencias que superan las capacidades corporales.

e) Estrés sociológico: es el que se produce ante una situación de crisis social, ante la proliferación comunicacional de noticias negativas, ante la violencia cotidiana, la irritabilidad urbana, etc.

f) Estrés laboral: ocasionado por condiciones laborales que violentan la resistencia física o la dignidad de las personas, quienes reaccionan de distinta manera frente a las condiciones y contingencias del trabajo, según su vulnerabilidad y personalidad. Comprenden el síndrome de burnout, mobbing, etc.

g) Estrés ecoambiental: producido frente a los cambios ambientales desfavorables, poluciones, ruidos, luminosidad, alteraciones del ecosistema, etc.

En realidad, cualquiera sea su causa siempre habrá un componente psicoemocional y físico. Comúnmente se oye hablar también de estrés post traumático y puede haber algunas confusiones al respecto.

- ¿Qué es el estrés post traumático?
- Se trata de una situación desencadenada luego de haber sufrido un estrés agudo muy intenso, tal como lo que sucede en catástrofes naturales, accidentes graves, inminencia de muerte, y también en hechos de violencia, violaciones, abusos y sometimientos, incluso cuando estas agresiones se produzcan mediante episodios repetitivos que se viven como una continuidad.

Actualmente se está procurando definir al estrés agudo como una situación estresante que tiene una duración determinada, de entre varias horas a varios días. Solo después de un tiempo se transforma en estrés prolongado.

En algunas personas, la vivencia de un estrés agudo con las características que mencioné provoca una impresión emocional generalmente ligada al miedo, al terror, al sufrimiento muy intenso que se fija de una manera indeleble en la "memoria emocional" contenida en las amígdalas cerebrales.

Esto incluso puede suceder en niños, porque esos núcleos cerebrales están totalmente desarrollados al momento del nacimiento, cuando otras zonas más evolucionadas del cerebro todavía no lo están. De manera que pueden grabar un recuerdo emocional de miedo o terror aunque no puedan grabar ninguna imagen (ni visual, auditiva, olfativa, etc.) del suceso en sí mismo.

Luego, en el transcurso de la vida, ante situaciones de estrés de cualquier otro origen se despierta ese recuerdo emocional y el individuo se ve invadido por una sensación de miedo irrefrenable volviendo a sufrir las mismas emociones del hecho original. Tales sensaciones pueden aparecer con "flashes" que invaden la mente en cualquier momento, y también desencadenar reacciones fóbicas o trastornos de pánico. Esto se conoce como trastorno de estrés post traumático y por sus siglas TEPT.

- ¿Expuestos como estamos frente a una realidad a menudo hostil, esta situación le puede suceder a cualquiera?

- En principio parecería que sí. Pero también es cierto que no todas las personas que se ven sometidas a experiencias similares, incluso simultáneamente, van a desarrollar estrés post traumático. Se habla que aproximadamente un tercio de la población sería más susceptible a sufrirlo.

- ¿Y de qué depende?

- Esto depende de factores relacionados con: la vulnerabilidad personal ante situaciones de estrés, con las características de personalidad de cada uno, con lo que se trae genéticamente (lo que denominamos temperamento), y con lo que se adquiere por influencia del medio ambiente, el entorno, los afectos, la cultura, etc., es decir, el carácter, lo fenotípico.

Hay muchas investigaciones sobre estas diferencias. Desde un punto de vista neurobiológico, quienes van a sufrir TEPT en mayor medida se encuentran dentro de un grupo que engloba aproximadamente al 30 por ciento de la población general, que presenta genéticamente un eje neuroendócrino del estrés de tipo hiporreactivo. En estos casos las glándulas suprarrenales producen menor nivel de cortisol y en algunos casos también la glándula hipófisis produce poco ACTH. De manera que se encuentran niveles bajos en plasma de estas hormonas.

Ante la situación de estrés agudo, no pueden elevar sus niveles de cortisol a los necesarios para afrontarla, de manera que suceden dos cosas:

a) por un lado dicho afrontamiento solo se hace mediante la activación exclusiva del sistema nervioso simpático -adrenalínico a nivel corporal y noradrenalínico a nivel cerebral-, y sabemos que la noradrenalina sin la protección que el cortisol provee en estas primeras instancias, impacta exageradamente sobre sus receptores a nivel de las amígdalas cerebrales por lo que se "graba" la reacción emocional de miedo o terror dejando como una huella o cicatriz;

b) por otra parte tampoco hay suficiente cortisol para inhibir y "cerrar" el mecanismo neuroendócrino del estrés y se sigue secretando CRH por el hipotálamo, neurohormona que es una de las más poderosas sustancias ansiogénicas a nivel cerebral. La ansiedad o miedo se descontrola.

Existe un tercer mecanismo que se descontrola, que si bien actúa en menor nivel, tiene su importancia y está mediado por una hormona que produce el corazón (en este caso de menos): el Factor Natriurético Atrial, descubierto por el argentino De Bold.

De manera que quienes presenten este comportamiento funcional genético del eje neuroendócrino estarán más proclives a sufrir estrés post traumático.

Esto ha dado lugar a que además de los fármacos que habitualmente se indican para este trastorno (Benzodiacepinas, IRSS) se haya agregado al tratamiento (tanto en la fase aguda como en el TEPT instalado), un bloqueante de la acción de la noradrenalina de los llamados beta bloqueantes que actúa a nivel cerebral, el propanolol.

Existen diversos métodos de psicoterapia, desde los tradicionales a los de avanzada que son efectivos y deben administrarse junto a la medicación.

- ¿Qué relación hay entre el estrés y el hábito de fumar?

- Bueno, es común que los propios pacientes establezcan esa relación. Simplemente manifiestan que cuando están nerviosos, ansiosos, angustiados, deprimidos o estresados -en realidad todos estos estados son más o menos lo mismo- sienten la necesidad de fumar y obtienen con ello una cierta calma. Por supuesto que temporaria y con intervalos cada vez más cortos, que los lleva a fumar cada vez más.

Esto sucede de manera similar a otras adicciones, también hay quienes ingieren más alcohol, apelan a drogas de abuso o al juego, etc.

¿Qué les sucede? Necesitan activar el circuito cerebral de la recompensa. Un circuito neuropsicológico que involucra y conecta varios núcleos cerebrales (el principal se llama *accumbens*, con el hipocampo, la corteza prefrontal y la amígdala y también al locus ceruleus del tronco cerebral).

En este caso las vías nerviosas que establecen esta conexión son dopaminérgicas, es decir, utilizan como neurotransmisor a la dopamina.

Aquí reside el sustrato biológico del circuito de recompensa responsable de la iniciación y mantenimiento de la dependencia de sustancias.

Hay una determinada cantidad de personas que pueden tener genética o epigenéticamente una disminución en sus niveles naturales de dopamina cerebral y tendrán una mayor vulnerabilidad a las adicciones.

El estrés prolongado y crónico produce entre otras cosas, disminución de la producción de dopamina en algunos centros cerebrales.

La nicotina es un potente liberador presináptico de dopamina en estructuras como el núcleo *accumbens* lo que explica la relación referida.

Cuando se reduce el consumo de nicotina, la noradrenalina juega un papel trascendental en la aparición de síntomas de abstinencia y está implicada en los síntomas de ansiedad y la conducta de búsqueda de la sustancia (craving).

Estamos hablando de búsqueda de recompensa o búsqueda de la sustancia. Este circuito no se cierra con la obtención de la recompensa: en realidad parece que lo activa, porque lo que existe es la necesidad de búsqueda en sí misma y no la propia recompensa, por eso se sigue fumando cada vez más.

Es interesante señalar que algunos de los medicamentos usados para combatir la adicción nicotínica fueron inicialmente presentados como antidepresivos.

Últimamente también se han realizado estudios en ratones modificados genéticamente, que muestran cómo incide la nicotina incrementando el sistema opiáceo endógeno cuya función es la de mitigar el dolor, aumentar las emociones positivas y facilitar las sensaciones gratificantes.

Capítulo VI

Estrés y emociones

- ¿Qué relación hay entre el estrés y las emociones?

- Tanta que casi es imposible diferenciar uno de otras. ¿Cómo podríamos definir las emociones? Por ejemplo "como un estado del ánimo que aparece como reacción a impresiones percibidas por los sentidos o por recuerdos, ideas o pensamientos capaces de transformar, impulsar o influenciar nuestros comportamientos". En realidad casi podríamos aplicar la misma definición al estrés.

Etimológicamente, el término emoción significa el impulso que induce la acción.

Por eso otra de las definiciones de emoción la conceptualiza como la motivación para la acción, vinculándola con su raíz etimológica (de *emovere*) es decir con el movimiento.

Y al hablar de emociones debemos incluir:

* las sensaciones (que son como emociones leves)
* las emociones en sí mismas
* los estados de ánimo (cuando las sensaciones persisten)
* los sentimientos (que serían algo así como emociones perdurables)

La aparición y desarrollo de las emociones en la evolución humana ha permitido crear comportamientos, acciones, mecanismos para la adaptación a los desafíos de la vida.

Las emociones, en principio, determinan conductas impulsivas que, al repetirse con buenos resultados ante situaciones similares que en general se percibieron como peligrosas, se fijan en nuestros circuitos neuronales y aparecen como tendencias innatas y automáticas.

- ¿Por qué dice que emociones y estrés son prácticamente lo mismo?

- Bien, veamos cómo son las expresiones de las emociones o de los sentimientos que se manifiestan en:
- conductas motoras, gestuales y posicionales
- respuestas del sistema nervioso autónomo (rubor, sudoración, peristaltismo intestinal, taquicardia, hiperpnea, etc)
- respuestas del sistema endócrino
- respuestas del sistema inmunológico
- y eventualmente en su verbalización

Prácticamente lo mismo que el mecanismo del estrés. Se producen reacciones ante un estímulo emocional. Entre el estímulo y la respuesta media un espacio infinitesimal de tiempo en el que se producen diversos procesos a nivel psiconeuroinmunoendócrino y visceral.

Ese espacio se ha definido como una especie de "caja negra" de la que aún se conoce poco, y al proceso se lo denomina "motivación".

La intensidad de la motivación ante determinadas sensaciones ocasionará una determinada respuesta (miedo, hambre, sed). Esa respuesta emocional provocará un comportamiento, una respuesta conductual que se definiría como un "estado de excitación de todo el organismo que se presenta ante una pérdida del equilibrio homeostático", con lo que se vuelve a conectar conceptualmente con el estrés.

- ¿En qué se diferencian?

- El estrés es una respuesta de todo el organismo mediante mecanismos sistémicos ante una situación percibida como peligrosa para la integridad física o psicoemocional.

La fase aguda comienza con una respuesta instantánea y autónoma, es decir inconsciente, mediada fundamentalmente por el sistema nervioso simpático.

La percepción del estímulo estresor llega por los órganos de los sentidos (vista, oído, olfato, gusto y tacto). Hasta allí las diferencias con un estímulo emocional son pocas porque en general el estímulo va a provocar concomitantemente una respuesta emocional como miedo, enojo, etc.

Pero también se perciben alteraciones viscerales desde todo el organismo a través del sistema parasimpático, de manera retrógrada, desde los órganos hacia el cerebro por el nervio vago o neumogástrico.

También nos proporcionará datos sobre ritmos biológicos: sueño / vigilia; hambre – sed – saciedad; evacuación; reproducción; secreciones endócrinas – etc.

Y además mediante información sobre alteraciones celulares a nivel molecular por intermedio de células especializadas del sistema inmunológico que circulan permanentemente por todos los órganos y tejidos.

Por eso decimos que tenemos siete sentidos y no cinco y cualquier alteración será percibida y desencadenará el mecanismo del estrés.

Por cierto que también cualquier emoción que por su magnitud nos provoque desequilibrios de nuestra homeostasis se canalizará por el mismo sistema.

Pero el sistema de estrés se pondrá en funcionamiento aun antes que se haya despertado una respuesta emocional.

Con una concepción evolucionista, el sistema de estrés está presente en especies muy primitivas sin desarrollo de zonas del cerebro ligadas a las emociones, sistema límbico y cortezas relacionadas. Por otra parte no tienen desarrollada ninguna de las zonas corticales superiores necesarias para atribuir cognitivamente cualidades a lo percibido. De manera que actúan solo por lo que su instinto de supervivencia les indica y huyen o luchan, respuestas ancestrales del mecanismo del estrés.

Hubo históricas controversias en el siglo XIX y principios del XX sobre el tema, si eran primero las emociones o primero las reacciones neurovegetativas. Tanto James, Lange como Watson, Cannon y Bard que fueron quienes proponían las diferentes teorías, tenían algo de razón. Hoy pragmáticamente consideramos que ambas cosas van juntas.

- ¿Qué significado le da en ese marco a la expresión "una cuestión de piel"?

- En algún momento hablamos que el sistema nervioso y la piel se originaban en un mismo momento del desarrollo embriológico desde una misma placa ectodérmica y que la piel es el órgano neuroinmunoendócrino más extendido de organismo.

La piel en este marco constituye otro sistema perceptivo con identidad propia. Es común que hablemos que algo o alguien nos guste o no "por una cuestión de piel".

Ya Sigmund Freud; en su libro "El Yo y el Ello" del año 1923 escribió sobre el sentido del tacto y voy a transcribir algunos párrafos: " ......la génesis del yo y en su diferenciación del ello .... El propio cuerpo, y sobre todo, la superficie del mismo, es un lugar del cual pueden partir simultáneamente, percepciones externas e internas. ... Produce al tacto, dos sensaciones, una de las cuales puede equipararse a una percepción interna.

La psicofisiología ha aclarado ya suficientemente la forma en la que el propio cuerpo se destaca del mundo de las percepciones. También el dolor parece desempeñar en esta cuestión un importante papel, y la forma en que adquirimos un nuevo conocimiento de nuestros órganos cuando padecemos una dolorosa enfermedad, constituye quizá el prototipo de aquélla en la que llegamos a la representación de nuestro propio cuerpo.

El yo es, ante todo, un ser corpóreo....... si queremos encontrarle una analogía anatómica, habremos de identificarlo con el «homúnculo cerebral» de los anatómicos....".

Mediante el tacto tendremos sensaciones kinestésicas corporales, representaciones internas, podremos sentir la presión, lo templado o frío, tenso, húmedo, el movimiento, lo áspero o suave, etc.

Es decir, no todo es cerebro. La complejidad del ser humano es infinita. Percibimos y sentimos con todas las células del cuerpo, y cualquiera de esas sensaciones o percepciones pueden desencadenar el mecanismo del estrés y también seguramente provocar una reacción emocional.

- ¿Podemos evitar que las emociones nos estresen?

- Tendemos a ocultarnos, a esconder las emociones molestas; las consideramos a priori, malas. Creemos que esas emociones son el problema; pero en realidad sólo nos están avisando (como dice López Rosetti, son como las luces de un tablero, sólo los instrumentos que nos avisan) de una situación que nos afecta y que en algún momento debemos resolver.

Hemos visto que entre el estímulo y la producción de la emoción transcurre un tiempo impreciso, que hemos referido cómo la "caja negra" del proceso emocional, definido como "motivación". También hemos visto que de manera simultánea llegan a la corteza las informaciones referidas a la reacción emocional y la percepción de los cambios viscerales que se producen como consecuencia del estímulo y que ambas cosas influyen entre sí.

La velocidad en percibir tales cambios nos permiten controlar a veces alguno de esos componentes. Es común que puedan controlarse o disimularse ciertas manifestaciones pero no todas y sucedan fenómenos perceptibles por otros como sonrojarse, u otras expresiones gestuales, etc.

- ¿Está de acuerdo con la creencia generalizada de que hay emociones buenas y malas?

- No, creo que las emociones no son buenas o malas, eso dependerá de lo que culturalmente hemos aprendido, de la magnitud que le atribuyamos y según esa valoración nos afectarán en un sentido u otro.

Por ejemplo sentir algo de celos es normal, pero si los celos son obsesivos pasan a ser emocionalmente negativos.

Los griegos distinguían entre 'Pasión' y 'Razón', separando así los sentimientos de los pensamientos. Ya decían que las emociones son el piso y la razón el techo del pensamiento humano.

En el mundo griego y la posterior cultura judeocristiana, "Razón, Emoción y Pasión" mantienen un cierto antagonismo.

Si aprendemos a conocer las emociones que sentimos, a evaluarlas, interpretarlas y moderarlas podremos sacar provecho de ellas; si las ocultamos o las reprimimos, se transformarán en un problema no resuelto.

Lo primero significa aprender a estar con uno mismo y de manera tranquila, sin hacernos trampa, analizar nuestras emociones y sus porqués. Aunque esos porqués sean dolorosos, solo identificándolos y evaluándolos se podrán encarar alternativas para solucionarlos. De eso habla la inteligencia emocional.

- ¿Qué es la Inteligencia Emocional (IE)?
- Se denomina así, en base a conceptos de Gardner que se hizo famoso cuando postuló que existían varias inteligencias diferentes y por Daniel Goleman que publicó su famoso libro "La Inteligencia Emocional". El concepto se refiere a la habilidad que posee el ser humano para gobernar y dirigir sus emociones, con el fin de equilibrar sus sentimientos y orientarlos a crear relaciones productivas con sus semejantes.

Sabemos que ante un determinado estímulo se producirá una respuesta, el estímulo actuará como *motivación* y la respuesta será un *comportamiento, una conducta.*

En las situaciones de estrés, al estímulo lo denominamos *"estresor"* y si es percibido por nuestra memoria más primitiva (la memoria emocional o amigdalina) como peligroso para la integridad física o psicoemocional, provocará una respuesta inmediata, automática, instantánea y *autónoma* que se traducirá en un comportamiento: la huida o la lucha por la supervivencia.

Pero esa respuesta es primitiva, es impulsiva. Los seres humanos no podemos vivir huyendo o luchando de esa manera.

Debemos modular esa respuesta y actuar inteligentemente ante los estímulos para desarrollar una interacción constructiva y gratificante con las demás personas y con el ambiente.

Esa capacidad de control y modulación, de dirigir nuestra emocionalidad, está asentada en las zonas evolutivamente más nuevas del cerebro humano que son los lóbulos prefrontales.

Los clásicos griegos ya sostenían que la vida debía transcurrir en un adecuado equilibrio entre la razón y las emociones. De nada vale saber mucho si no tenemos control pleno de nuestros impulsos.

- ¿Qué factores permiten desarrollar la IE?

- La IE nos permite ejercitar las habilidades que son inherentes a los seres humanos para relacionarnos de forma proactiva, controlando los comportamientos impulsivos, comunicándonos adecuadamente y proyectando una actitud optimista ante la vida. Esta capacidad ayudará a solucionar los problemas que eventualmente se presenten, a tener *el sentimiento correcto, en el momento correcto y saber expresarlo.*

En realidad es una capacidad innata que está frecuentemente reprimida por una educación equivocada que prioriza el desarrollo de la inteligencia lógico matemática, la que mide el cociente intelectual por el cual habitualmente se determina quien es más o menos inteligente.

Está lleno de fracasados con un alto cociente intelectual. Por eso cada uno debe descubrir y desarrollar la IE para adaptarse a su entorno social, cultural, económico y psicológico. Ello permite manejarnos adaptándonos saludablemente a las diversas situaciones que nos presenta la vida y encontrar soluciones sencillas a problemas complicados; relacionarnos positivamente con los demás, sabiendo qué decir y cómo decir las cosas y también qué callar; algo así como desarrollar un especial sentido relacional. Y también para sobrellevar las adversidades y seguir adelante, saliendo fortalecido de las situaciones adversas, convertirnos en individuos resilientes, que de esa manera lograrán el éxito.

- ¿La IE se adquiere?

- Nuestra Inteligencia Emocional es una capacidad 'innata' que todos tenemos desde que somos pequeños, que aprenderemos o no a desarrollar por influencia de nuestros padres, familiares, entorno sociocultural, y educación formal e informal.

Lo que pasa es que nuestra cultura occidental ha priorizado el desarrollo de otro tipo de inteligencia, más ligada a la productividad, que como dije es incluso "medible" a través del CI (Cociente Intelectual).

Esto nos ha llevado a este formidable desarrollo científico y tecnológico en que vivimos pero que a la vez nos ha sumergido en un mundo de individualidades, de falta de solidaridad, de prevalencia de las apariencias, riqueza y confort por sobre todas las cosas.

La IE implica motivarse para lograr comportamientos y actitudes adecuadas dirigidas a disfrutar de los acontecimientos comunes de la vida, conseguir un estado de tranquilidad y auto aceptación, que permita actuar superando las carencias y expandiendo las fortalezas propias, manteniendo siempre un sentido crítico y constructivo.

La primera enseñanza que se debería impartir, es cómo aprender a disfrutar con las pequeñas cosas de la vida, saber perdonar, amar, tener sentido del humor, buscar la felicidad y poder expresar los sentimientos para lograr personas que sean también emocionalmente inteligentes.

El desarrollo de esta forma de inteligencia nos permite tomar conciencia, hacer conscientes, identificar nuestras emociones, comprenderlas para así poder adoptar una actitud empática con respecto a los sentimientos de los demás. Permite asimismo tolerar las presiones y frustraciones que soportamos en el trabajo y otras contingencias de la vida, acentuar nuestra capacidad de integrarnos en equipos y de esa manera, lograr mayores posibilidades de desarrollo personal.

La inteligencia emocional siempre está allí, pero muchas veces sin aparecer. Hay que desarrollarla mediante el ejercicio diario de la aceptación de uno mismo, reconociendo las propias carencias, para poder superarlas y las propias virtudes y habilidades, para saber aprovecharlas. Así como también saber aceptar a los demás tal cual son, no como nosotros querríamos que fueran y tratar de descubrir sus potencialidades.

- La IE, ¿funciona como "manto protector" contra el estrés?

- A medida que podamos desarrollarla seremos menos vulnerables al estrés, porque forman parte de la inteligencia emocional:

- el conocimiento y autenticidad con uno mismo
- la confianza en las propias capacidades y fortalezas
- el reconocimiento de los propios límites

- la capacidad de reconocer, evaluar, controlar y modular las propias emociones
- el control de las reacciones e impulsos
- la capacidad de expresar adecuadamente los sentimientos y emociones
- la capacidad empática ("ponerse en la piel de los demás")
- la orientación hacia el logro de los objetivos (asertividad)
- la disposición al éxito y a la felicidad
- el humor y capacidad de reírse de sí mismo
- la capacidad de reconocer las propias equivocaciones
- la capacidad de perdonarse a sí mismo

La IE es lo que nos permite conocernos tanto y tan bien, que nos posibilite manejar nuestras emociones de manera tal que ellas no dominen nuestra conducta, sino que nuestros comportamientos resulten los más adecuados en cada situación que nos toque vivir. Es decir, aprender a adaptarnos y a resolver adecuadamente los conflictos de la vida. No hay mejor terapia antiestrés.

- ¿Cuáles son las emociones más ligadas al estrés?

- Creo que dos de las más primitivas, el miedo y el enojo, que cuando es extremo llamamos ira.

El *miedo* es quizá la primera emoción que percibe el ser humano; y la va a seguir percibiendo cada vez que vea comprometida su seguridad.

El miedo y la ansiedad comparten señales psiconeurológicas químicas y manifestaciones corporales, neurovegetativas, similares. Ponen en marcha la primera fase del mecanismo del sistema de estrés.

El miedo generalmente está producido por una situación desagradable que creemos puede superar nuestra capacidad de afrontarla con éxito.

Si nos avergüenza tendemos a esconderlo y este ocultamiento provocará otra cascada de conductas y reacciones emocionales: humillación, enojo con nosotros mismos, frustración, etc. Algunas de esas reacciones dependerán, como ya hemos visto, de nuestras creencias, esquemas culturales, aprendizajes, etc.

El miedo y la ansiedad están muy asociados. Provocan la cascada de fenómenos ya descriptos, pero la percepción de tales cambios (taquicardia, temblor, sudoración, etc.) acrecienta el propio miedo y se produce un círculo vicioso. Si se comienza a tener miedos sin que se puedan identificar las causas, entramos en pánico, la ansiedad se transforma en Síndrome de Pánico. Muy relacionadas con estos fenómenos se encuentran las fobias.

El *enojo*, que en realidad es una reacción exagerada ante la sensación de frustración, se provoca muchas veces porque quien o lo que lo origina pone de manifiesto algo que a nosotros mismos nos enojaría si no nos lo estuviéramos ocultando.

Puede ser visto así como una toma de conciencia, y puede canalizarse de manera positiva o negativa. En este segundo caso, es agravador de las propias emociones y destructivo, sobre todo cuando se acompaña de sensación de desear castigo y sufrimiento de quien lo provocó.

Esto es mucho más grave cuando la reacción es *de ira*, y pueden perderse las posibilidades de controlar nuestras conductas. Además del daño que podemos infringir, nos hacemos daños en el terreno no solo de las emociones sino de manera concreta en nuestros sistemas orgánicos. La ira, provoca desde crisis hipertensivas hasta infartos de miocardio.

Entonces, lo que debe importarnos es el "cómo me enojo", moderándolo, expresándolo adecuadamente, sin agresiones ni reproches, buscando por qué el o lo que lo provoca (desde afuera o desde nuestro propio interior) nos produce daño y poniendo en juego nuestros mecanismos de análisis, evaluación, es decir nuestra capacidad de interpretar la situación, de razonar sobre la misma, procurando que la reacción de ira pueda ser controlada y que el enojo termine lo antes posible y no se convierta en resentimiento con los otros y contra nosotros mismos.

El enojo consume una gran cantidad de energía, debemos aprender a canalizar esa energía para la comprensión y resolución del conflicto que provocó ese enojo. Y pasar a un estado de superación de esa situación canalizándolo a conseguir una actitud mejor.

- ¿Hay otras emociones estresantes?

- La *culpa*, requiere del culpador y también del sentimiento propio de culpabilidad. Esto también tiene una relación directa con las creencias aprendidas culturalmente. El ejemplo de la separación de una pareja es válido: una parte culpa a la otra por el abandono, por olvidar todos los actos previos de lealtad y compañerismo. Sin embargo, si no existiera una "cultura de la culpa" que es individual y social, generalmente rígida e inflexible, debería estar claro que lo que no se quiere más es la convivencia, que no hay más amor en la pareja y que eso no significa ni abandono ni deslealtad.

Va a disminuir el estrés cuando se pueda continuar en una relación adecuada donde a cada uno le sigue importando el otro y pueden ayudarse y respetarse mutuamente sin castigos ni injurias.

La *envidia* es un sentimiento natural, nadie es una mala persona por envidiar, todos tenemos deseos insatisfechos y podemos sentir dolor y frustración cuando nos comparamos con aquellos que los pueden satisfacer. Esto tiene mucho que ver con los principios y valores de nuestra educación. Debemos en todo caso envidiar la capacidad que desarrollan otros para conocerse y ser mejores; no para "parecer" mejor.

Así utilizaremos ese sentimiento para reconocer los deseos insatisfechos y avanzar hacia la posibilidad de realizarlos.

Los *celos* implican miedo a perder lo que amamos o valoramos como muy importante para nosotros, por la injerencia de terceros. Se producen en múltiples situaciones de la vida, en la pareja, con los hijos, en el trabajo, en el área intelectual, etc. Como en todas las emociones, deben ser identificados, evaluados, analizados y debidamente manejados. En las relaciones afectivas es importante respetar la necesaria cuota de vida propia y satisfactoria que cada uno de los miembros de una pareja, familia, del entorno laboral, etc., debe tener, para poder crear vínculos maduros entre ellos.

Solo así se podrá comprender lo que sucede cuando esos vínculos se debilitan para intentar rehacerlos o para entender que finalizan y de esa manera no transformarlos en celos patológicos, que llevan a la dependencia emocional, a sentimientos destructivos.

La *tristeza* es un sentimiento absolutamente normal, que se presenta acompañando emocionalmente a las pérdidas afectivas y a la frustración de nuestras expectativas.

Es una de las emociones más naturales. La tristeza debe ser superada para que no se convierta en melancolía y depresión. La frustración debe ser evaluada en el contexto que la produjo despojándola de connotaciones dramáticas. Solo aquel que nunca intenta nada no sufrirá de algún tipo de frustración alguna vez. Debe servir para buscar enseñanzas que permitan intentar de nuevo pero mejor.

Capítulo VII

Calidad de vida

- ¿Qué significa en realidad el cambio en el estilo de vida que tanto se recomienda?

- Creo que existe una concepción errónea de su significado. Parecería ser que se sigue enfocando el problema más en relación a cambios externos que internos.

El concepto de Calidad de Vida en políticas sociales significa tener "buenas condiciones de vida objetivas y alto grado de bienestar subjetivo."

Parece sencillo, pero es muy complejo.

Lo objetivo se refiere a lo material, a condiciones ambientales y culturales.

El bienestar es subjetivo, "es la cualidad de obtener satisfacción y disfrute de los recursos disponibles, y no de su mera posesión".

A lo largo del tiempo, el concepto de Calidad de Vida ha sido definido como una combinación de componentes objetivos y subjetivos; de las condiciones de vida, como de la satisfacción experimentada por dichas condiciones vitales ponderadas según la escala de valores, aspiraciones y expectativas personales y de acuerdo al tipo y grado de cultura de cada uno.

De todas maneras no es posible unificar criterios con respecto al concepto y cada cual puede opinar desde su punto de vista.

Así, el concepto de Calidad de Vida depende en gran parte de la concepción propia del mundo que tiene cada persona en particular: la interpretación y valoración que le da a lo que tiene, vive y espera.

La calidad de vida estaría además construida histórica y culturalmente con valores sujetos a las particularidades de cada época y sociedad, y por la forma en que cada uno construye su propia realidad en función de la atribución de importancia que le dé a las percepciones e información que le lleguen de su entorno.

Si se pregunta a diversas personas qué es calidad de vida, muchos lo relacionarán con el acceso a un trabajo digno y bien remunerado que les permita acceder a bienes y servicios básicos como vivienda, educación, salud y nutrición, adecuados servicios públicos, movilidad vial, recreación, seguridad, entre muchos otros.

Seguramente la obtención de lo descripto proporcione satisfacción a quien lo logre, siempre en el marco cultural de la época y de la sociedad en que viva; no obstante dicho logro se refiere a lo objetivo y a pautas culturales que condicionan su forma de sentir y pensar. Por eso, generalmente se quiere más y no se goza de bienestar con lo que se tiene por lo que tampoco será buena la calidad de vida.

- ¿Qué es la medicina del estilo de vida?

- El 2 de mayo de 2007 se publicó un artículo en el diario *El País* de Madrid con el título "Medicina del estilo de vida" que se refería a una publicación de Kate Murphy (NYT) en Intramed, en el que se mencionaba que hacía dos años, un grupo de médicos fundó en EE.UU una organización con el propósito de convertir a la medicina del estilo de vida en una especialidad clínica acreditada, que debía ser parte de la formación médica básica.

Su presidente, John H. Kelly Jr., de la catedra de Medicina Preventiva del Loma Linda University School of Medicine de California enfatiza "que el tratamiento sintomático de la enfermedad sin una evaluación del estilo de vida del paciente o sin ofrecerle orientación sobre cómo cambiarlo, es irresponsable y roza la negligencia".

Observaron que a mucha gente, cuando se les diagnosticó una cardiopatía o se les colocó un stent para abrir una arteria obstruida, no se les aconsejaba sobre cómo modificar su estilo de vida, además de lo clásico: cambios en la dieta y ejercicio. Solo de manera un tanto superficial se le menciona procurar evitar el estrés.

Según Kelly "la medicina del estilo de vida es esencial para combatir las epidemias nacionales en EE.UU de obesidad, diabetes y cardiopatías. No podemos resolver los problemas de salud de la sociedad, a menos que pasemos de una atención aguda y episódica al fomento de la salud y el bienestar: la medicina del estilo de vida".

"Sabemos que las intervenciones en el estilo de vida pueden ser muy poderosas, y con frecuencia más eficaces que los medicamentos o la cirugía", dice Joann Manson, epidemiólogo de Harvard e integrante de la junta editorial de una nueva revista, The American Journal of Lifestyle Medicine. "Pero debemos aportar pruebas científicas sobre cómo incorporar ese conocimiento a la práctica", agrega.

Es bueno que se ponga atención sobre esto y comencemos a proponer formas prácticas de cambios a conductas más saludables. Pero, como ya dije, parecería ser que se sigue enfocando el problema más en relación a cambios externos que internos.

- ¿Qué aconseja Ud. con respecto a la calidad de vida?

- Creo que está bien plantearse metas y planificar cómo alcanzarlas, pero sin sobre exigencias, aprendiendo a disfrutar de lo que se tiene para de esa manera lograr mayor bienestar.

La historia personal, la ubicación sociocultural y geográfica, en donde se nace y se vive, le da a cada individuo su manera de sentir la vida, sus expectativas, sus metas, sus deseos.

Aquel que nace en un medio donden existen las condiciones objetivas de acceso a bienes y confort, es posible que subjetivamente las considere algo así como un derecho natural y las valore de tal manera que no les otorgue ningún significado especial. Es como el caso de los niños nacidos en la era digital para quienes es natural acceder sin dificultades al manejo de medios electrónicos.

Es probable que en ese caso, tales condiciones de confort le signifiquen muy poco en cuanto a calidad de vida en un sentido subjetivo.

En cambio otro que carece de todas esas condiciones objetivas, las valora de otra manera. Sin embargo puede ser mucho más feliz.

La calidad de vida en realidad, en buena parte se relaciona, como proponía Victor Frankl, con el sentido que cada uno encuentre para su vida y todo esto se relaciona directamente con la libertad individual, comprendida como la secuencia de eventos de la vida adoptados de manera voluntaria, libre y responsable, sin condicionamientos sociales o culturales.

Es esta *conciencia de absoluta libertad de pensamiento* la que diferencia el ser y la personalidad de cada individuo; le dará sentido a aquellos logros de su vida que lo gratifiquen íntimamente más allá de su valoración material y de lo que opinen los demás, prescindiendo de las comparaciones que existen en todas las sociedades.

Lamentablemente muchas veces es esta realidad, la de la comparación y las apariencias, la que incide en la personalidad que, sabemos, es una especie de "máscara" que vamos creando a lo largo de la vida para enfrentar las diversas circunstancias que se nos presentan.

La personalidad se construye sumando a lo genéticamente heredado, las influencias recibidas, sean familiares, culturales, ambientales, sociales, etc., y según cómo hayan sido, modelarán de tal manera nuestros comportamientos que podremos llegar a ser en lugar de lo que hubiéramos querido, lo que los otros "quieren que seamos", lo que los otros suponen que "debemos ser" y lo que es aún peor, a veces terminamos transformándonos en "lo que los demás creen que somos".

Es decir, la comparación social, las apariencias, el qué dirán, la necesidad de ser aceptados nos lleva a crearnos una personalidad distinta a lo que hubiéramos querido ser.

En tal caso habremos perdido esa *conciencia de libertad* indispensable para lograr el bienestar subjetivo, independientemente de lo que tengamos, poseamos.

No tendremos en tal caso una buena calidad de vida subjetiva aunque cubramos todas las expectativas objetivas.

- ¿Podría señalar algunas cualidades de lo que interpreta como una buena calidad de vida?

- Podemos señalar algunas de las cualidades básicas que forman parte de lo que denominamos "buena calidad de vida", que deberían ser transmitidas por la educación, y que son:

- cultura del "ser" y no del "tener" para lograr realmente lo que "se quiere ser".
- conocerse y estar bien con uno mismo (autoestima), elaborar sus propios proyectos.
- vivir con coherencia con sus ideas y sentimientos a lo largo de la vida.
- total libertad de pensamiento, sin dogmas ni fundamentalismos.
- simpatía y empatía, sentir compasión (no lástima) por los otros en el sentido de "acompasamiento", acompañar y comprender poniéndose en lugar del otro.
- comprensión y valoración de los propios sentimientos y capacidad para expresarlos con claridad y serenidad.
- equilibrio entre capacidad para mantener la propia autonomía, el autocontrol aceptando solamente una eventual y recíproca dependencia afectiva.
- sentido solidario y cooperativo con la comunidad donde se convive y capacidad de resolver problemas en conjunto con otros.
- desarrollar plenamente todas las capacidades con persistencia (tesón), para alcanzar las metas propuestas pero conociendo los propios límites, evitando la sobreexigencia y la sobreadaptación.
- espiritualidad, sentido de pertenencia a un destino compartido con la humanidad y de trascendencia universal.
- cordialidad, amabilidad y respeto para con los otros.
- capacidad para perdonarse a sí mismo (no se equivoca solamente aquel que no intenta ni hace nada) y poder perdonar a los otros.
- aprender de los propios errores para no repetirlos.
- Un viejo proverbio judío dice que no se es más feliz por lo que se tiene sino porque no se desea más de lo que se tiene.

Capítulo VIII

Sobre la soledad

- ¿Qué efectos tiene la soledad sobre la salud?

- Hay estudios que demuestran que quienes viven aislados sufren tasas de mortalidad más altas que quienes están acompañados.

Investigadores de la Universidad de California (UCLA) dirigidos por el Dr. Steve Cole, miembro del Centro de Psiconeuroinmunología de dicha Universidad, autor de la investigación sobre los efectos del aislamiento social, sostienen que el sentirse solo altera el sistema inmune y aumenta el riesgo de enfermedades cardio coronarias, infecciones y cáncer.

Esto es así porque se vinculan de manera directa la soledad y el aislamiento social con el estrés prolongado o crónico y la depresión. Sabemos que estos estados producen una sobreexpresión (mayor producción) de genes ligados a la inflamación, mientras que la respuesta antiviral y la producción de anticuerpos se ven mermadas (inmuno depresión).

La investigación determinó que "los cambios en la expresión genética dentro de las células relacionadas con el sistema inmune, se vinculan de manera específica con la experiencia subjetiva que las personas tienen de su soledad", y que esas diferencias son independientes de otros factores de riesgo.

Para llevar a cabo su experimento reunieron a un grupo de voluntarios y los dividieron en dos: por un lado, juntaron a los seres que carecían de relaciones personales a todo nivel (pareja, familia, amistades); personas que, según Cole, "durante cuatro años seguidos dijeron, realmente no hay nadie que sienta muy cercano'. Y por el otro, a quienes vivían acompañados.

A partir de ahí, se le tomaron muestras de sangre a cada voluntario y estudiaron la actividad de las células del sistema inmune.

Se comprobó que las transcripciones de los genes se expresaban de manera diferente entre los dos grupos.

Cuando hablamos de transcripción genética entramos en un terreno relativamente nuevo que se llama epigenética. Tiene que ver con el hecho de que tenemos una dotación de genes que vienen de nuestros antecesores y algunos predominan sobre otros para darnos el color de ojos, la estatura corporal y seguramente hasta la posibilidad de vida de cada célula del cuerpo.

Pero resulta que sobre ellos actúa el entorno, el medio ambiente, desde la vida intrauterina que no va a cambiar los genes pero puede actuar sobre determinadas sustancias químicas que envuelven a los genes (la cromatina) provocando alteraciones diversas.

Estas alteraciones pueden llevar a que algunos genes se oculten (se "silencien" en términos de biología celular) y se pongan en funcionamiento (se "expresen") otros que van a funcionar de manera inadecuada.

También estos procesos pueden provocar que las proteínas que normalmente los genes deben transcribir por un delicado mecanismo intracelular para que cumplan diversas y complejas funciones en el organismo salgan mal transcriptas y por lo tanto alteradas. Estos mecanismos son llamados epigenéticos y participan prácticamente en todas las enfermedades conocidas.

En el grupo de las personas solitarias, las alteraciones genéticas o más bien epigenéticas fueron tales que 78 de esas transcripciones estaban sobreexpresadas (sobreproducidas), y otras 131 no se expresaban o estaban por debajo de los niveles normales.

Por algunos de los dos mecanismos los glóbulos blancos de la sangre aparecían como modificados y disfuncionales en quienes estaban o se sentían crónicamente solos.

El estudio fue publicado en el *Journal of Genome Biology* y una interesante conclusión de sus autores fue demostrar que la *sensación de soledad* es más perjudicial que la soledad en sí misma. "Los resultados no dependieron ni dependen de a cuánta gente conoce alguien, sino de a cuánta gente alguien siente cerca suyo en determinado momento".

Otra investigación dirigida por John Cacioppo, psicólogo de la Universidad de Chicago, muestra cómo las malas experiencias en el organismo de los solitarios se acumulan con el tiempo, bajan las defensas y provocan enfermedades, tanto de origen externo -como una gripe común -, como interno, enfermedades autoinmunes, aquellas en las que las células defensivas del organismo atacan a la propia persona.

En Argentina, el Dr. Juan Manuel Bulacio, médico psiquiatra y presidente de la Fundación de Investigación en Ciencias Cognitivas Aplicadas (ICCAp) ha publicado el libro *Soledades en venta* donde habla del "apoyo social percibido", destacando que "hay gente que está acompañada y que, sin embargo, percibe que no es querida; son personas que tienen una distorsión cognitiva que las lleva a minimizar el apoyo afectivo que puedan tener".

El efecto es similar que en aquéllas que están objetivamente en soledad.

Entre nosotros, es frecuente que en la práctica clínica detectemos en numerosas parejas casos de "soledad de a dos" nada más que para cubrir apariencias.

En Dinamarca se efectuó un estudio en el que se incluyeron 138.290 personas de entre 30 y 69 años, entre abril de 2000 y marzo de 2002 en el que se concluyó que la soledad contribuye a la producción de enfermedad coronaria (ABC Digital 29.09.06).

En los dos años del estudio sufrieron problemas coronarios 646 personas.

Este estudio fue publicado en «Journal of Epidemiology and Community Health» y apunta a demostrar que la soledad es un factor de riesgo similar al tabaquismo, obesidad, alcoholismo y altos niveles de colesterol.

Otras conclusiones son que el menor riesgo de sufrir un síndrome coronario agudo lo tienen aquellas personas que están acompañadas y como en otras observaciones quienes tienen un alto nivel educativo y actividad laboral.

Es conocido que hay más riesgo de infarto a la madrugada en general, los sábados a la noche y los lunes temprano. Algunos estudios señalan que las horas de mayor riego son las que van de las 5 a las 10 de la mañana.

E. Ford y Eric Loucks, investigadores de la Escuela Pública de Medicina de la Brown University (EE.UU) observaron que la soledad y el aislamiento generaban un aumento en los niveles de citoquinas pro inflamatorias.

Un grupo dirigido por Caspi, de la Universidad de Duke, siguieron 1.037 personas desde que nacieron hasta que cumplieron 26 años. Los solitarios eran mucho menos saludables y cuanto más solos se sentían, peor estado de salud registraban. Señalaron que el aislamiento y la soledad afectan también a los niños tanto en lo psicológico como en lo físico.

Parecería también que la soledad aumenta el peligro de padecer diversos grados de déficit cognitivo en personas mayores y posiblemente enfermedad de Alzheimer.

Un proverbio dice que "la soledad es un buen lugar para visitar, pero un mal sitio para quedarse". Se la asocia frecuentemente a depresión, y en este punto el aislamiento social es uno de los síntomas más reiterados cuando las personas comienzan a sufrir cuadros depresivos.

Está plenamente aceptado que la depresión es un factor de riesgo importante e independiente para enfermedad coronaria. Por otra parte, las depresiones de tipo reactivas que constituyen más del 80 por ciento de los cuadros depresivos están indisolublemente ligadas al estrés crónico y por lo tanto relacionadas con la génesis de todas las enfermedades por estrés.

Capítulo IX

Sobre el estrés materno-infantil

- ¿Qué puede decirnos sobre el estrés en la mujer embarazada?

- Este tema cobra gran interés porque cada vez se comprueba más la forma en que incide el estrés de la madre en el curso normal del embarazo y en el niño en formación. Con el avance y protagonismo de la mujer en la sociedad y la ocupación de puestos de trabajo antes casi reservados al hombre, emerge toda una nueva problemática sobre todo en estrés laboral en la mujer. De eso se vienen preocupando quienes trabajan en Programación pre y perinatal.

- ¿Qué es la Programación Perinatal y qué relación existe con el estrés?

- El concepto de programación fetal y neonatal fue descrito por primera vez por David Baker y refiere que la calidad de las condiciones en las que un bebé pasa el período de gestación en el vientre materno, determinará la vulnerabilidad o la fortaleza que desarrollará su organismo ante el estrés en los años que le toque vivir.

Engloba los trastornos y enfermedades que pueden aparecer en el niño o en el adulto y que se relacionan con situaciones de estrés vividas por la madre durante la gestación (incluido el estrés laboral), desnutrición o violencia de cualquier tipo. También pueden producirse por problemas del feto durante el parto.

Situaciones tempranas de este tipo pueden originar cambios a largo plazo en la estructura y en la función del organismo. Este concepto es aplicable asimismo a los cambios que pueden darse en los neurotransmisores y neuromoduladores del sistema nervioso.

El estrés pre o perinatal puede alterar el tiempo de la expresión (producción y desarrollo) de los neurotransmisores y neuromoduladores y de sus receptores, lo que se asocia con la aparición luego de trastornos de déficit de atención o de conducta social, posiblemente debido alteraciones en la generación y niveles de producción de neurotransmisores en el sistema nervioso en desarrollo y una subsecuente programación errónea.

El estrés crónico y persistente provoca la disminución de la actividad placentaria de la Di hidroxiesteroide deshidrogenasa tipo 2 que es una barrera enzimática placentaria que protege al feto de los glucocorticoides maternales transformando los glucocorticoides activos en inertes.

Los glucocorticoides modulan el programa vital temprano de reactividad al estrés y son, también, un factor significativo para la regulación de la plasticidad neuronal cerebral que subyace en los procesos de envejecimiento.

- ¿Se pueden mencionar algunos estudios que comprueben estas teorías?

- Existen numerosísimos estudios efectuados en todo el mundo que corroboran lo expresado. Para quienes tengan interés en el tema, al final del capítulo se mencionan algunos con una pequeña síntesis de sus descubrimientos.

Para mencionar uno simple e interesante, puedo hablar del que se publicó en la revista "Developmental and Behavioral Pediatrics", que fue dirigido por Catherine Monk, de la Universidad de Columbia (EE.UU.) y que describe cómo los cambios relacionados con el estrés y la ansiedad crónica en el ritmo cardíaco y la presión sanguínea de la embarazada, afectan al ritmo cardíaco del feto de manera inmediata. En mayor medida durante el período de "recuperación", después de que terminaran las pruebas a que se sometieron voluntariamente.

"Un creciente conjunto de estudios sugiere que el estrés durante el embarazo puede reprogramar el ambiente fetal, de manera que afecte a la conducta y el funcionamiento de la criatura más adelante en la vida", señalaron los investigadores del equipo de Monk.

Existen otros de mucha importancia que han demostrado que el estrés que la madre sufre durante el embarazo puede aumentar el riesgo de abortos en las 17 primeras semanas, de nacimientos prematuros y de bebés con peso insuficiente. Por su indudable importancia también los incluimos más abajo.

- ¿Se han hecho trabajos experimentales que comprueben estas teorías?

- Se han hecho diversas investigaciones epidemiológicas en estudios multicéntricos con cientos de miles de casos estudiados que lo prueban.

En lo experimental se llevaron adelante numerosos estudios en animales para comprobar la base biológica que sustenta la teoría de la plasticidad del desarrollo, y la influencia de los factores referidos sobre el riesgo de enfermedad.

En esos estudios se modifican las condiciones dietéticas, endócrinas y físicas en diversos momentos desde la concepción hasta el destete, lo que induce cambios persistentes en la función cardiovascular y metabólica en los hijos.

Se comunicaron resultados obtenidos en ratas con modificaciones dietarias y hormonales (a través de la administración de glucocorticoides), y existen varias similitudes con los resultados en los seres humanos, dando como ejemplo la inducción de hipertensión y la alteración de la sensibilidad a la insulina observados en hijos de madres con modificaciones nutricionales y la administración de glucocorticoides en el hijo, hallazgos que indican mecanismos comunes.

Una hipótesis es que una nutrición materna desequilibrada podría provocar mayor nivel de cortisol fetal o alterar la expresión de receptores de glucocorticoide, influyendo así en el crecimiento y la maduración de los órganos fetales.

En experimentos en ratas también se ha comprobado que la desnutrición de la madre afecta la expresión de genes y promueve cambios epigenéticos, por metilación del ADN. Estas modificaciones epigenéticas del ADN durante el desarrollo son generalmente estables durante las divisiones celulares mitóticas que continúan a lo largo de toda la vida.

- ¿Es tan importante entonces lo que ocurre durante la vida intrauterina?

- Un concepto fundamental de Baker es considerar que "la mayoría de los órganos se completan al nacer, de manera tal que la etapa más importante de nuestra vida es en el útero, donde se va 'construyendo' el organismo. Por lo tanto, si queremos prevenir la diabetes, la hipertensión, los accidentes cerebrovasculares y las enfermedades cardíacas, tenemos sí o sí que mejorar la nutrición del bebé".

El doctor Baker, es integrante de la Royal Society de Londres, profesor del Departamento de Medicina Cardiovascular de la Universidad de Ciencias de la Salud de Oregon (EE.UU.) y dirige un grupo de investigación en la División Orígenes del Desarrollo de la Salud y las Enfermedades de la Universidad de Southampton (Inglaterra).

A partir de estas observaciones se formularon teorías que tienen importante aceptación y demostración científica sobre lo que se denomina "el fenotipo ahorrador". Algo así como una "economía de guerra" que adopta el feto en el vientre materno cuando la madre está sometida a condiciones estresantes, violencia y desnutrición.

El niño en formación adapta su metabolismo para aprovechar al máximo la alimentación que le llega a través de la placenta. Es sabido que el sustrato energético por excelencia es la glucosa, que al combinarse con el oxígeno en las mitocondrias de las células, produce la energía necesaria para la vida. De manera que el feto debe "ahorrar" la mayor cantidad de glucosa posible.

Entre otros cambios, ello produce una menor secreción de insulina por el páncreas en formación (la insulina es una hormona proteica fundamental en el metabolismo de la glucosa). Esta situación que no está programada genéticamente de esa manera, pero que el feto debe adoptar por necesidad, se fija fenotípicamente y va a alterar para siempre el equilibrio metabólico, de manera que cuando el niño crece y eventualmente mejoran sus condiciones nutricionales, quedará con una alteración que lo predispondrá a no metabolizar correctamente la glucosa, a la diabetes tipo II y al síndrome metabólico, patologías muy extendidas y en aumento en la actualidad.

Baker nos dice que la capacidad que tiene una mujer de nutrir a su bebé, depende de la calidad de su propia alimentación hasta el momento de la concepción.

"La placenta es extremadamente importante en todo ese proceso: muchos bebés, aun en madres bien alimentadas, pueden estar subalimentados porque la placenta no hace bien su trabajo. Es más fácil que los azúcares atraviesen la placenta a que lo hagan las proteínas, que no la atraviesan simplemente, sino que tienen que ser activamente transportadas. Si la placenta no funciona bien, el bebé recibe pocos nutrientes".

Por otra parte ya hemos recalcado el papel de la placenta en la formación de una enzima fundamental para evitar que el cortisol materno afecte al bebé. La madre desnutrida, por razones obvias, también está estresada, de manera que se reduce en su placenta la formación de esta enzima y en consecuencia se produce neurotoxicidad en el bebé en formación.

Las carencias y la violencia psicosocial del entorno influirán sin duda en la maduración cerebral y metabólica del niño.

Incorporo para ampliar este concepto lo que el propio Dr. Baker contestaba en un reportaje:

"- ¿Qué determina que la placenta funcione bien o mal?
- Nadie lo sabe. Lo que podemos hacer es tratar de que la población cambie la mentalidad. Antes de nacer, el corazón bombea sangre a través de la placenta, toma los nutrientes de la madre y los distribuye en el bebe. Eso es lo que permite que el corazón y el resto de los órganos sean o no sanos.

-¿Y cuánto influye el medio ambiente después de nacer?
En grandes estudios epidemiológicos efectuados en Inglaterra

y repetidos luego en otros países se demostró mayor morbimortalidad temprana en adultos cuyas madres fueron desnutridas o estuvieron estresadas. Esas personas habían tenido muy bajo peso al nacer."

Luego refiere que se reconoce que existe lo que se denomina "plasticidad del desarrollo" definida como la capacidad del organismo de desarrollarse de varios modos dependiendo del ambiente.

El genoma, nuestro patrimonio genético, recepta influencia interactiva del ambiente materno que influye sobre el fenotipo que está madurando (a esta influencia se le denomina epigenética y da lugar al concepto de epigenoma), y determinará la sensibilidad a factores ambientales y al riesgo de enfermedad posteriores.

Estos procesos epigenéticos se producen por alteraciones en proteínas que intervienen en procesos de transcripción genética, como la metilación del ADN y la modificación de las histonas que lo recubren formando la cromatina.

Es decir, los genes recibidos por el niño de sus padres no se modifican. Lo que puede ser modificado por las circunstancias que hemos visto, son las proteínas que esos genes deben producir y no cumplir la función programada genéticamente sino otra, alterada o incompleta.

De manera que se acepta lo observado en epidemiología acerca de que el peso y la talla menores al nacer y durante la infancia están relacionados con el mayor riesgo de coronariopatía, accidente cerebrovascular, diabetes mellitas tipo 2, adiposidad, síndrome metabólico y osteoporosis en la edad adulta.

Estos sucesos perinatales parecen ejercer efectos que son independientes de los conocidos factores de riesgo en adultos. La prematuridad, por sí misma, independientemente del tamaño para la edad gestacional, ha sido asociada con la resistencia a la insulina y la intolerancia a la glucosa en los prepúberes, lo que puede continuar en los adultos jóvenes o acompañarse por hipertensión arterial.

En el desarrollo de los mamíferos, las madres transmiten la información del entorno (como el estado nutricional) a su embrión o feto a través de la placenta, o a su hijo, a través de la lactancia.

En general, el crecimiento fetal tiene que ver con el tamaño corporal de la madre (más que con el potencial genético), lo cual se conoce como *limitación materna*. Esta limitación puede ser mediada, en parte, por los efectos limitantes del tamaño de la placenta en el útero o de la perfusión sobre la nutrición fetal y también por genes relacionados con la expresión de factores de crecimiento. La limitación materna aumenta cuando la madre es muy joven o de edad avanzada, o con la multiparidad.

Por otra parte, los efectos de una dieta materna desequilibrada o una delgadez o gordura excesivas de la madre, influyen sobre la nutrición fetal en ausencia de otras enfermedades.

En nuestro país es notable y debe resaltarse la tarea de difusión de esta problemática que realiza el Dr. Albino.

- ¿El estrés de la madre debe ser considerado entonces como muy importante en relación a lo que le sucederá al niño?
- Ya dijimos que el estrés materno está relacionado con abortos al principio del embarazo y con partos prematuros. Esto está sucediendo aquí y ahora en nuestra sociedad. Ya he referido como en la actualidad se observa este fenómeno en numerosas madres jóvenes que padecen las consecuencias del estrés laboral.

Cuando este niño nace, es común que padezca precozmente enfermedades respiratorias como bronquiolitis y neumonías, y luego asma bronquial y diversas atopias alérgicas. Sobre esto han hecho un muy importante e interesante estudio los Dres. Vucovich en nuestro medio.

También se ha demostrado que estos niños tendrán trastornos de conducta, dificultades de socialización cuando sean más grandecitos y en muchos casos trastornos del tipo de la atención dispersa. También en nuestro medio las Lic. Arrebillaga y Schwartz de la Fundación APINEP, han aportado numerosas observaciones e incluso han descripto muchos de estos cuadros englobándolos como un Trastorno Evolutivo del Lóbulo Frontal (TELF), que continúa evolucionando hasta la edad adulta.

En el embarazo, aun sin condiciones de estrés, tiende a aumentar la cantidad de cortisol en el plasma materno. Ahora, cuando se padece estrés prolongado, el cortisol se incrementa mucho más y de manera duradera. El cortisol, entre otras cosas, en esas condiciones es neurotóxico y no debería pasar al feto. Pero, el estrés provoca una disminución en la placenta de la madre de una enzima que lo degrada, de manera que llega hasta el feto y actúa sobre su cerebro y su sistema inmunológico en formación.

Esta es una de las causas de lo que sucederá luego en el niño, además de lo mencionado con respecto al fenotipo ahorrador que induce un riesgo de enfermedad a largo plazo.

El niño y su madre establecen una relación simbiótica durante el embarazo y hay muchas vías de comunicación entre ellos.

La violencia, el estrés, la desnutrición modifican las respuestas de adaptación que el feto o el niño elaboran para informar a la madre sobre su salud o estado físico, y pueden incluir cambios de metabolismo, producción hormonal y sensibilidad de los tejidos frente a hormonas, aminoácidos excitatorios y factores de crecimiento que pueden afectar el desarrollo relativo de varios órganos. El niño se defiende, lo que lleva a que tenga modificaciones persistentes en los mecanismos homeostáticos fisiológicos y metabólicos.

Por lo tanto, la asociación entre la lentitud del crecimiento fetal, el menor tamaño corporal al nacer y el riesgo posterior de enfermedad, puede ser interpretada como un reflejo de las consecuencias a largo plazo de las respuestas de adaptación fetales.

Parece ser que la modulación de la expresión genética del feto o el niño mediada por la madre ante los estímulos ambientales (lo epigenético), puede ser tanto o más importante que el propio riesgo genético puramente hereditario.

- ¿Y qué pasa entonces cuando esos niños llegan a adultos?
- Vimos que diversos estudios muestran que si una madre está estresada durante la gestación o después del parto, su hijo tiene más posibilidades de tener problemas emocionales o cognitivos, incluyendo déficit de atención, desórdenes de hiperactividad, ansiedad, así como retardo en la adquisición del lenguaje, enfermedades respiratorias y alérgicas.

Asimismo, los niños con alimentación artificial tienen mayor ingesta calórica y, en general, mayor ganancia de peso que los niños alimentados a pecho, con mayor riesgo de obesidad en su vida adulta y así, muchas otras asociaciones.

También desde niños y naturalmente cuando adultos, se ha comprobado que tienen una mayor vulnerabilidad ante situaciones estresantes, desarrollando más precozmente enfermedades por estrés.

Esta es por ejemplo una de las causas más específicas de lo que denominamos "hipertensión arterial esencial", que engloba a la mayoría de los casos de hipertensión, síndrome metabólico y enfermedades por deficiencias del sistema inmunológico.

En adultos, por desnutrición intrauterina se podrán producir muchas patologías tales como osteoporosis porque se alteraría el receptor de la vitamina D, lo que acarrearía luego desmineralización ósea.

La hiperglucemia materna, por otra parte, puede provocar hiperinsulinemia fetal. Se ha comprobado que los hijos de madres obesas o diabéticas tienen mayor riesgo de desarrollar trastornos metabólicos en su vida, aun durante la infancia.

De igual manera hoy se le da gran importancia al estrés materno en los cambios epigenéticos que pueden condicionar enfermedades psiquiátricas en jóvenes y adultos.

- ¿Son por lo tanto irreversibles esos cambios?

- Bueno, no es tan así. Si no se hace nada para mejorar las situaciones los cambios persisten. Pero no olvidemos que tales cambios no están inscriptos en los genes, no son genéticos e inmutables sino epigenéticos o sea cambios químicos en la transcripción de la información contenida en los genes, que se produjeron por influencias ambientales, en este caso en la vida intrauterina o perinatal.

De manera que teóricamente tales cambios también pueden ser revertidos con mecanismos epigenéticos. Y eso abre un enorme campo de acción terapéutica.

Tales cambios se pueden lograr mediante sustancias químicas o modificaciones conductuales y psicoterapia. Es extraordinariamente importante combinar en estos niños una adecuada nutrición con contención afectiva y estimulación cognitiva.

Con respecto a sustancias químicas, se investiga mucho. Hay estudios de laboratorio administrando p. ej. leptina exógena a ratas recién nacidas desnutridas, que logran corregir las modificaciones fenotípicas epigenéticas, incluida la metilación inadecuada de las histonas.

Otros estudios indican que la hiperleptinemia y la hipertensión pueden revertirse modificando la dieta con ácidos grasos omega-3, y que las respuestas de conducta alteradas pueden ser revertidas mediante la manipulación farmacológica del estado epigenético.

Por ahora, amor, nutrición, estimulación y educación, creo que en ese orden.

NOTA. Entre la abundante bibliografía sugiero

BARKER DJ. ARCH DIS CHILD 1988;63:867-9
WEINSTOCK MARTA Alterations induced by gestational stress in brain morphology and behaviour of the offspring. Prog Neurobiol 2001; 65(5): 427-51.
Erlenius Eric, Lagercrantz Hugo "Neurotransmisores y neuromoduladores durante el desarrollo humano temprano"(Kar linska Institutet, Stockholm, Sweden) Early Human Development 65 (2001) 21-37
En T. W. Stone, C. M. Forrest, G. M. Mackay, N. Stoy, and L. G. Darlington. Tryptophan, adenosine, neurodegeneration and neuroprotection. Metab Brain Dis. 22 (3-4):337-352, 2007
Seckl, J.R. (2004). "Prenatal glucocorticoids and long-term programming". European J. Endocrinol. 151: 149-62
ESTUDIO ALSPAC (AVON LONGITUDINAL STUDY OF PARENTS AND CHILDREN)
Gluckman et al. Horm Res 2006;65

Capítulo X
Sobre el desarrollo cerebral

- ¿Cuándo se inicia el desarrollo del cerebro? ¿Qué implicancia tienen las sustancias químicas (neurotransmisores) en la construcción de la estructura del cerebro?

- Aunque principalmente los genes determinan el desarrollo del Sistema Nervioso Central (SNC), la conexión detallada de los circuitos neuronales es generada por la acción de los neurotransmisores, factores de crecimiento neuronal (BDNF, Reelina, Neuregulina, etc.) y neuromoduladores.

Estas sustancias químicas pueden promover, amplificar, bloquear, inhibir o atenuar las señales microeléctricas que pasan de una neurona a otra.

Las monoaminas constituyen el grupo químico principal de neurotransmisores del SNC. También se las denomina aminas biógenas.

Proceden de aminoácidos precursores (los aminoácidos son las partículas que conforman las proteínas que ingerimos) que se dividen en dos grupos: las catecolaminas, derivadas del aminoácido tirosina y las indolaminas, que derivan del triptófano.

Las catecolaminas incluyen a la dopamina, la noradrenalina y la adrenalina. Las indolaminas son la serotonina y la melatonina.

Los neurotransmisores como las catecolaminas aparecen en los embriones de los animales vertebrados e invertebrados *antes de que las neuronas se diferencien* entre la 5ª y 7ª semana cuando desde el ectodermo, la capa más externa de las tres que van a constituirlo, derivarán el sistema nervioso (central y periférico) y la piel.

En el desarrollo del cerebro del embrión también interviene

la serotonina que se produce en la placenta de la madre, y desde muy temprano aparece la acetilcolina en los esbozos del sistema nervioso periférico.

Por eso hay que cuidar mucho a la madre durante el embarazo.

-¿Como influyen los cambios hormonales o la falta de oxígeno?

En el embarazo generalmente aumenta el nivel de corticoides de la madre. Ciertos niveles de glucocorticoides son necesarios para la maduración de los sistemas neurológicos del niño, pero en exceso alteran diversos receptores como lo prueban numerosas investigaciones.

También la hipoxia (falta de oxígeno) prenatal crónica, altera el ciclo de las monoaminas que intervienen en la activación del sistema simpático en el tronco cerebral. En experimentos con ratas se ha visto que cuando esto sucede, al llegar el animal a la adolescencia, aparecen dificultades respiratorias.

En ratas recién nacidas manipuladas (estresadas) por el hombre diariamente durante 15 minutos en las primeras semanas de vida, aparecieron afectaciones de las proyecciones serotoninérgicas -vías de conexión cuyo neurotransmisor es la serotonina- en el hipocampo, que es un núcleo nervioso indispensable para la memoria, también con aumento de receptores a glucocorticoides.

Estos cambios las hacen más vulnerables y tienen trastornos del aprendizaje.

El hipocampo es algo así como el "disco duro" del cerebro, tiene mucho que ver con la memoria y recordemos que su tamaño se altera y disminuye en estrés crónico, depresión y estrés post traumático.

En estos dos últimos casos, hay una relación directa entre estas patologías y las personas que tienen desde su nacimiento un menor tamaño del hipocampo.

Otros neurotransmisores como los aminoácidos excitatorios de acción rápida, predominantemente el glutamato, también son importantes para el cableado del cerebro y la plasticidad antes del nacimiento. Sus efectos son mediados por los receptores a esta sustancia ubicados en el cerebro llamados NMDA.

Las situaciones de estrés incrementan dichos receptores y alteran su funcionalidad.

Otros neurotransmisores que aparecen en el embrión de manera temprana son los principales aminoácidos inhibidores (GABA y glicina). Parece ser que se comportan como excitadores antes del nacimiento y tienen importancia en el "cableado" de los circuitos neuronales durante el desarrollo.

Hay un intenso "encendido y cableado" en el cerebro fetal que es mayor durante el sueño activo.

El estrés pre o neonatal y la hipoxia (falta de oxígeno) en el nacimiento, pueden afectar la programación de los neurotransmisores y también la expresión de los receptores a los mismos en distintas áreas cerebrales, lo que puede producir efectos conductuales y sobre la memoria y aprendizaje a mediano y largo plazo.

Es bueno conocer que muchos de los neuropéptidos que actúan como neurotransmisores o neuromoduladores fueron identificados primero en el tracto gastrointestinal y que el aparato digestivo contiene neuronas y plexos nerviosos en lo que se ha dado en llamar el "pequeño cerebro". De allí la íntima relación entre "estar nervioso" y tener problemas digestivos.

Recientemente se ha comunicado un trabajo en el que se observa que produciendo lesiones en el estómago de animales de experimentación en los primeros días de vida, aparecen luego cambios en el cerebro y en la conducta de esos animales.

Es decir: esta relación es de ida y vuelta. El sistema nervioso influye sobre el digestivo y viceversa.

- ¿El desarrollo neurológico puede visualizarse en el feto, por ejemplo por ecografía?

- El feto en esas etapas rara vez o nunca llega a estar espabilado o despierto. El tono simpático es bajo. Además, se adapta a un eventual bajo nivel de oxígeno en el útero. Si ocurre asfixia, no se excita como un adulto respondiendo con una reacción de huida o de lucha, sino que permanece inmovilizado, deja de respirar y aparece bradicardia.

El niño recién nacido sano está espabilado y despierto las primeras dos horas después de nacer e inicia movimientos respiratorios continuos, y esto es posible porque hay un repentino aumento de neurotransmisores excitatorios y disminuyen los inhibitorios en el cerebro.

Hay otra sustancia que tiene mucha importancia, la adenosina que actúa como un neuromodulador que puede estar implicado en la inhibición del cerebro fetal ante situaciones adversas. Tiene un efecto sedante general.

Es notable que cuando la presión parcial de oxígeno en sangre arterial aumenta rápidamente después del nacimiento, hay una rápida disminución en el cerebro de adenosina. Luego hay una sensibilidad disminuida durante los primeros días postnatales para la adenosina lo que parece contribuir al mantenimiento de la respiración continua.

Lo que pasa en la vida intrauterina en la formación y funcionalismo correcto de estas sustancias, será de trascendencia futura en la vida del niño.

- ¿Habría estrés en el nacimiento?
- El alumbramiento sin duda pude compararse a una situación de estrés porque ocurre un cambio notable desde un hábitat apacible al crudo mundo real. Lo cierto es que el niño recién nacido tiene completamente desarrolladas sus amígdalas cerebrales y por lo tanto puede grabar los recuerdos emocionales relacionados con el miedo y peligro.

El despertar y la vigilia del recién nacido probablemente pueden ser parcialmente debidos a la activación del sistema noradrenérgico del sistema nervioso, en particular del locus coeruleus, núcleo situado en el tronco cerebral desde donde los estímulos se distribuyen por todo el cerebro.

La activación por la noradrenalina se indica por la proporción de su metabolito MHPG que en trabajos experimentales se incrementó en 2-3 veces en la rata recién nacida. Hay indicaciones indirectas de que también hay un gran aumento de noradrenalina en el cerebro humano, al encontrar alto nivel de catecolaminas plasmáticas después del nacimiento.

He leído que un interesante descubrimiento hecho recientemente en Córdoba da gran importancia al Factor de Crecimiento Neuronal Similar a Insulina (o Insulin like Growth Factor o IGF, según su sigla en inglés), en realidad a sus receptores que si no se activan en las neuronas no se diferencian partes fundamentales de la misma, como el axón de las dendritas, según lo explicó el doctor Santiago Quiroga, investigador del Conicet y profesor asociado de la Facultad de Ciencias Químicas de la Universidad Nacional de Córdoba (UNC).

Los factores de crecimiento son un conjunto de sustancias que, junto con las hormonas y los neurotransmisores, desempeñan una importante función en el desarrollo y la comunicación intercelular.

El nacimiento es un hecho normal y no debería producir ningún tipo de alteración posterior en el niño, pero estas pocas menciones a algunas investigaciones como las referidas, demuestran cómo las influencias del entorno, del ambiente, de la relación afectiva madre hijo, la nutrición adecuada, etc., pueden influir en este delicado equilibrio neuroquímico. El cerebro del niño es muy plástico y seguramente supera con éxito una gran cantidad de disturbios que influyen sobre él y la madre. Pero no debemos cansarnos de alertar sobre el efecto del estrés, la violencia y la desnutrición.

- ¿Hasta cuándo crece el cerebro?

- Hace años se suponía que hasta alrededor de los siete años de edad. Esta idea estaba fuertemente influenciada por las religiones. Esa era "la edad de la razón". Posiblemente en función de que la expectativa de vida en la antigüedad no sobrepasaba los 35 a 40 años.

Los avances en neuropsicología fueron demostrando que el cerebro se seguía desarrollando hasta edades más adultas. Primero se corrió el límite hasta la adolescencia, luego de decía que hasta los 23 años aproximadamente y en los últimos tiempos hasta los 30. Esto valdría para la sustancia gris de la corteza cerebral y sobre todo para los lóbulos prefrontales.

El cerebro crece mucho los dos primeros años de edad y después de los cinco años de edad lo hace más lentamente, hasta alcanzar su tamaño total al llegar a la adolescencia.

La masa cerebral crece de manera ininterrumpida desde el nacimiento hasta aproximadamente los 20 años y posteriormente de manera más lenta, luego entre los 30 y 40 años el volumen se mantiene y después empezaría a mermar ligeramente, desde esta edad hasta el final de la vida.

Ahora, un grupo de científicos norteamericanos asegura que el crecimiento de la materia blanca, encargada mayormente de las funciones de intercomunicación entre las diversas áreas cerebrales, seguiría desarrollándose hasta los 50 años, mucho más tarde que la corteza cerebral, donde residen funciones como la memoria y el razonamiento.

El estudio fue realizado en el Department of Veteran Affairs (Washington-EUA), dirigido por el Prof. George Bartzokis.

Las células gliales de la sustancia blanca desempeñan funciones de comunicación entre diversas áreas cerebrales en los lóbulos frontales y temporales, en los que residen las zonas de la memoria, del razonamiento y del control de los impulsos.

De acuerdo a ello la capacidad de aprendizaje se mantendría intacta y aun continuaría desarrollándose hasta una edad realmente avanzada.

- ¿Cómo ocurre su desarrollo embrionario?
- En la quinta semana del desarrollo del embrión comienzan a formarse los órganos que nacen de tres capas:

1) De la llamada ECTODERMO derivarán el sistema nervioso (central y periférico) y la piel.

2) De la llamada MESODERMO se producen el esqueleto, músculos, aparato circulatorio y aparato urogenital.

3) De la llamada ENDODERMO se formarán el aparato digestivo y el aparato respiratorio.

En la séptima semana se va desarrollando el rostro del bebé y el cerebro se desarrolla con rapidez.

Ya cuando mide menos de 1,5 cm. de largo, tiene principios de encéfalo.

En la octava semana comienzan los primeros movimientos cardíacos no sincrónicos y la llamada circulación "alantocorial" que posteriormente se convertirá en umbilical o fetoplacentaria.

Cerca de la octava semana de gestación también comienza el desarrollo del cerebro y durante las cinco semanas siguientes se forman casi todas las células nerviosas.

El cerebro y la médula espinal se han formado en el segundo mes a partir de la capa externa de células que forman el llamado tubo neural. Parte de ese tubo permanece erecto, formando la médula espinal, mientras que la extremidad superior se curva, para dar origen al cerebro.

En la décima semana se terminan de constituir los músculos, los nervios y la médula ósea. El rostro ya tiene aspecto humano.

Sexto mes: el cerebro empieza a crecer más rápidamente, el feto mide unos 30 centímetros y pesa entre 650-700 gramos. El cerebro, al momento del nacimiento ya ha desarrollado todas sus células (desde antes del nacimiento) y por ese motivo la cabeza del bebé parece desproporcionada en relación con el resto del cuerpo.

A los siete años el cerebro es casi idéntico en tamaño y peso al de un adulto. De todos modos, en los lóbulos frontales hay un 40 por ciento más de sinapsis en cada neurona. Estas sinapsis se van recortando hasta alcanzar los niveles estables de los adultos (poda dendrítica).

El cerebro comienza a elaborar las conexiones entre células en el útero, empleando señales generadas de manera espontánea.

Un nuevo salto en el desarrollo comienza unas 10 semanas antes del parto y continúa durante los dos primeros años de vida del bebé.

Se inicia entonces una nueva fase del desarrollo cerebral con un período de gran actividad de las células cerebrales; se produce un perfeccionamiento de las mismas y se amplían las conexiones neuronales.

Este aumento da como resultado un rápido crecimiento del cerebro, que en el momento del parto alcanza el 25 por ciento de su peso en el adulto; a los seis meses llega al 50 por ciento; el 75 por ciento a los dos años y medio, y el 90 por ciento a los cinco años.

- Existe la creencia popular de que si el cerebro no se usa se atrofia ¿Influye la educación en el tamaño y desarrollo del cerebro?

- El cerebro es plástico y crece a partir de la estimulación y del aprendizaje. Todo lo que hacemos los humanos implica cambios en el cerebro.

Las neuronas se comunican entre sí por unas prolongaciones ramificadas (como las ramas de un árbol) llamadas dendritas. Mientras más estimulemos el aprendizaje se desarrollarán más dendritas y éstas serán más largas; si no hay estimulación, no crecen e incluso disminuyen.

Algunos investigadores diferencian crecimiento de desarrollo y así, aunque el crecimiento tenga límites, su desarrollo nunca termina. Esto quiere decir que van aumentando y mejorando las funciones que realiza y este proceso dura toda la vida.

El desarrollo de las múltiples funciones que tiene el cerebro depende de todo lo que aprendemos, memorizamos, expresamos y sentimos. Todo esto desarrolla nuestra inteligencia y como siempre tenemos algo que aprender y en qué mejorar, el cerebro es uno de los órganos del cuerpo que nunca deja de desarrollarse.

- ¿Cómo es la energía que necesita el cerebro para funcionar?

- El cerebro está compuesto por células. Todas las células contienen en su interior -citoplasma- una partícula denominada mitocondria. Ésta sería como una pequeña usina que produce energía a partir de una combustión. En este caso por la combinación de oxígeno que llega en estado líquido por los glóbulos rojos de la sangre con glucosa, que es transportada por el plasma sanguíneo. Un proceso específico hace que estas dos sustancias atraviesen la membrana que envuelve cada célula y lleguen hasta la mitocondria.

El cerebro, aun en reposo, consume el 20 por ciento de la glucosa disponible en el organismo.

Su crecimiento y desarrollo dependen, entonces, de una adecuada alimentación que le proporcione los nutrientes necesarios.

El cerebro necesita mucha sangre y no puede almacenar los

nutrientes como lo hacen otros tejidos, sino que los usa conforme van llegando. Por ello la cuarta parte de la sangre que el corazón bombea, llega directamente al cerebro.

La glucosa es azúcar y se obtiene de alimentos como las frutas, verduras, chocolates, miel o dulces, los cereales como el arroz, maíz, trigo o avena y los tubérculos como la papa. Eventualmente, el organismo también puede originarla a partir de otros alimentos que contienen grasas como la carne y los aceites.

Por otra parte, a partir de proteínas de la dieta se ingieren los aminoácidos indispensables para la producción de los neurotransmisores, para que toda esa masa cerebral interactúe.

- ¿Por qué se dice que nuestro cerebro contiene varios cerebros?

- Porque en el cerebro humano se encuentran estructuras que existen en animales primitivos junto a otras que solo están desarrolladas en el hombre como especie.

Paul McLean en 1950 lo describió magistralmente cuando habló del "cerebro triuno". En esencia habría un cerebro básico constituido por los núcleos de la base, principalmente hipotálamo, amígdalas cerebrales, cerebelo y rudimentos de hipocampo y corteza. Este cerebro primitivo se llama también "reptiliano" y junto a zonas del tronco cerebral, integra percepciones sensoriales que le llegan por medio de los órganos de los sentidos (vista, oído, tacto, gusto y olfato). Ante esas percepciones este complejo puede originar ciertos impulsos básicos como respuesta, que se canalizarán predominantemente por tres vías.

a) La primera se activa de manera instantánea y automática por vía neural. Estimula los núcleos del tronco cerebral del Sistema Nervioso Autónomo (SNA) y sus ramas simpática y parasimpática; llega hasta los últimos confines del cuerpo como si fuera un extenso cableado que lleva órdenes y trae información (sensaciones) sobre su integridad y funcionamiento.

Luego por vía del eje córtico-límbico-hipotálamo se activa la vía neuroendócrina a través de la hipófisis y por último el eje psiconeuroinmunológico.

Como se ve, este cerebro primitivo hace funcionar el sistema de estrés.

El hipotálamo mantiene y regula los ritmos circadianos de sueño vigilia, de las secreciones hormonales, del apetito, de la saciedad, de la sed, el sueño, y la regulación de la temperatura y el metabolismo a través del SNA.

Es la sede de las respuestas vitales automáticas. Es lo que mantiene la vida aunque el cerebro haya dejado de funcionar. Cuando leemos que una persona "conserva los signos vitales" aun a pesar de tener una grave lesión cerebral o estar técnicamente descerebrado o con muerte cerebral, es que está funcionando su cerebro primitivo.

Las amígdalas cumplen el papel de ser la sede de la memoria emocional ancestral, la memoria del peligro que se aprendió a lo largo de la evolución para sobrevivir, lo que se transforma en instinto de conservación. Conecta directamente con el hipotálamo para desencadenar las reacciones también ancestrales que surgen frente al peligro para la vida, la reacción de alerta y sus consecuencias: fuga o lucha.

Desde el hipotálamo, por otra parte, se envía a través de vías específicas toda la información recibida por vía sensorial o visceroceptiva hacia centros cerebrales superiores, al denominado sistema límbico y a la corteza cerebral, desde donde llegarán también respuestas específicas.

b) El sistema límbico, que integra sobre todo las sensaciones afectivas en conexión con otras regiones del diencéfalo, llamado también cerebro medio, sería el segundo cerebro, el emocional o visceral.

Allí se encuentra una estructura cerebral llamada hipocampo, que es el lugar donde se consolidan las memorias y se distribuyen en nuestros "bancos de memoria" en zonas específicas de la corteza cerebral. Así almacenaremos recuerdos visuales, olfativos, auditivos, táctiles y gustativos. Estas estructuras serían algo así como el "disco duro" del cerebro.

En el sistema o circuito límbico que está constituido por núcleos nerviosos subcorticales y zonas de la corteza, se integran las sensaciones y emociones complejas a partir de la información que le llega desde los centros inferiores.

El sistema límbico entonces es la sede de las emociones y sentimientos más complejos y de la memoria.

Esta zona del cerebro tiene cierto grado de desarrollo en algunos mamíferos. Todos sabemos que las mascotas que conviven con el hombre se "humanizan" y pueden demostrar alegría, tristeza, miedo y enojo. También desarrollan cierta memoria.

c) El cerebro superior está representado por la corteza prefrontal, el nocórtex. Integra los pensamientos superiores, la conciencia de temporalidad, la imaginación del futuro, recurre a los reservorios de memoria para identificar situaciones o emociones; deducir por analogía. Puede identificar, comparar, analizar, evaluar y también imaginar, proyectar, filosofar, etcétera.

Es la sede de la razón y también de la espiritualidad, de los pensamientos metafísicos y su funcionamiento es tan extraordinario que permite experimentar sentimientos inexplicables como el amor o la fe.

El desarrollo de las cortezas prefrontales llevó a que la frente se haga vertical para defenderlas. Existen en primates superiores, pero en el ser humano contienen alrededor de un 3% más de neuronas que en el gorila, que es el que nos sigue en la evolución. Esa mínima cantidad de células establece una diferencia abismal entre el ser humano y sus parientes cercanos.

Entre otras cosas, el plus de neuronas permite las capacidades cognitivas del humano, desde el aprendizaje hasta el lenguaje y la regulación de todos los mecanismos que están por debajo. También permite el control de los impulsos primitivos y la magnitud de las emociones.

FUNCIONES CEREBRALES SUPERIORES
(EL "CEREBRO SUPERIOR")

PERMITEN ENTRE OTRAS COSAS
• LA ASOCIACIÓN DE RECUERDOS,
• LA CONSTRUCCIÓN DE ANALOGÍAS,
• LA POSIBILIDAD DE IMAGINAR,
• FUTURIZAR
• DEDUCIR
• EVOCAR
• EDUCAR
• INVESTIGAR
• FILOSOFAR
• TENER CONCIENCIA DE TEMPORALIDAD
• DE MORTALIDAD Y ESPIRITUALIDAD

PLANIFICAR
Y
EJECUTAR

DESARROLLAR SENTIMIENTOS Y CONVICCIONES PROFUNDAS QUE TRASCIENDEN LA PROPIA CAPACIDAD DE COMPRENSIÓN CÓMO AMAR Y TENER FE EN UN SENTIDO RELIGIOSO

DR. PABLO CÓLICA - AMEC 2011

En el cerebro superior reside la capacidad de razonamiento y es lo que nos permite ser civilizados.

Para ilustrarlo, imagine el cerebro triuno como un sistema integrado por tres computadoras, de menor a mayor complejidad. La *primera* o básica (amigdalino-hipotálamo-troncal) que funciona automáticamente ante requerimientos que le llegan desde todo el organismo a través de sensores (como si fueran detectores y cables) distribuidos por todas partes por los nervios sensitivos, los órganos de los sentidos y el sistema nervioso autónomo (SNA). Traen y llevan información y órdenes en relación a: vista, olfato, oído, tacto, gusto, apetito, sed, sueño, frecuencia cardíaca, frecuencia respiratoria, temperatura corporal, etc., que se regulan según las necesidades de la vida habitual.

Reacciona autonómica e inconscientemente ante el peligro, emociones intensas, agentes estresantes y otros factores, y así desencadena el mecanismo del estrés.

Una *segunda computadora* (hipotálamo-límbica), que produce interpretaciones afectivo-emocionales sobre lo que percibimos a través de los sentidos y provoca respuestas como temor, miedo, tristeza o alegría, entre otras.

Tercera computadora. Los mecanismos y respuestas originados en las "dos primeras computadoras", finalmente llegan a determinados centros de la corteza cerebral donde la "tercera computadora" -el neocórtex y la maraña de la red de neuronas asociativas- determina de qué se trata la cuestión mediante la asociación con sus bancos de memoria y de imágenes sensoriales que rápidamente identifican o no el olor o la imagen, el sonido, etc., con algo ya conocido o lo deduce por analogía y por otros procesos más complejos. A continuación, ordena una respuesta racional hacia las "computadoras" inferiores, modulándolas, regulándolas, indicando los comportamientos más adecuados para cada situación.

Varias veces hemos insistido en que el niño al nacer tiene desarrollado completamente el complejo hipotálamo-amigdalar y es en estas estructuras donde fija los recuerdos emocionales de peligro, violencia, carencias afectivas y nutricionales. Hemos hablado extensamente de la influencia negativa del estrés y la desnutrición materna. Insisto en el concepto de que si tales condiciones perduran, el niño no podrá desarrollar adecuadamente el resto de su cerebro. Como dice el Dr. Albino, las consecuencias las estamos viviendo todos los días.

- En general, uno pensaría que los adultos y, en todo caso los jóvenes, sufren estrés. Sin embargo, mucha gente se sorprende al saber que los niños también están sometidos a estrés. ¿Cómo nos damos cuenta de que un chico está sufriendo este problema?

- En los niños, las manifestaciones pueden estar enmascaradas, de manera que deben tenerse en cuenta ciertos cambios en sus conductas habituales.

Los síntomas de alerta son:

1. Alteraciones del sueño.
2. Depresión, tristeza.
3. Desapego.
4. Sensación de inquietud, de "estar en guardia".
5. Facilidad para sobresaltarse.
6. Pérdida de interés en cosas que solía disfrutar.

7. Ausencia general de receptividad.
8. Actitud de estar adormecido.
9. Conductas hostiles y violentas.
10. Dificultades del aprendizaje.

- ¿Se conocen las etapas de la maduración intelectual?

- Se acepta que entre los 6 y 10 años se desarrollan casi completamente la memoria, la verbalización, el vocabulario, el reconocimiento témporo-espacial, el razonamiento lógico y la capacidad de hacer cálculos y luego se nivelan.

La mayor parte del desarrollo del cerebro parece concluir antes de los 12 años y en toda esta etapa es donde aparecen la mayor cantidad de conexiones. Pero el cerebro del adolescente sigue creciendo.

Debemos tener muy en cuenta que funciones tales como el control de los impulsos y el juicio moral, son las últimas en madurar

Investigaciones serias coinciden en que "las funciones del cerebro que controlan los impulsos maduran al menos hasta los 20 años".

El crecimiento de la masa cerebral tiene un límite pero el desarrollo de sus funciones parecería que nunca termina y este proceso dura toda la vida.

En el año 2006 se dio a conocer un estudio algo impresionante que mostraba que el cerebro crece distinto en niños muy inteligentes. El trabajo publicado en Nature el 31 de marzo, se desarrolló durante 17 años mediante el estudio de imágenes cerebrales recolectadas en 307 niños de Bethesda, un poblado suburbio de Washington. Todo comenzó en 1989, cuando se les tomaron imágenes del cerebro utilizando resonancia magnética. El proyecto fue iniciado por la doctora Judith Rapoport del Instituto Nacional de Salud Mental y el encargado de realizar las resonancias fue Paul M. Thompson, experto en imágenes cerebrales de la Universidad de California en Los Angeles. Fue luego revisado en la Universidad McGill de Montreal, Canadá.

Se encontró que el cerebro de los niños más inteligentes, se desarrolla de manera diferente de aquellos con habilidades cognitivas promedio, es distinto el grosor en la corteza cerebral, la superficie externa del cerebro donde se localizan los procesos mentales más complejos.

También parece ser que si los niños son estimulados cognitivamente estas diferencias pueden desaparecer. Esto se llama neuroplasticidad.

Capítulo XI

Estrés y memoria

- En su experiencia, ¿qué circunstancias o factores son los que más desencadenan estrés y afectan la memoria?

- El estrés prolongado puede originarse por estar sometido permanentemente a sobreexigencias físicas (trabajo, deporte, entre otros factores), psicoemocionales (conflictos familiares, de pareja, con hijos, violencia, adicciones, pérdidas, frustraciones, desvalorizaciones, abandonos, etc.), laborales (estrés laboral, *burnout*, acoso, *mobbing*, jubilación, etc.) y socio-económicas. En general las causas se combinan en mayor o menor grado. Uno de los primeros síntomas cerebrales, son los problemas de la memoria, de concentración y de focalización de la atención, junto a cambios de humor, mayor irritabilidad y trastornos del sueño.

- ¿Cómo es el proceso por el cual el estrés altera la memoria?

- Es un proceso de neurotoxicidad por cambios neuroquímicos en el cerebro. El exceso de cortisol, aminoácidos excitatorios como glutamato y otras sustancias que se incrementan y se mantienen elevadas en el estrés prolongado, primero disminuyen las arborizaciones dendríticas que interconectan las neuronas entre sí y luego matan las células (apoptosis). Este proceso es particularmente importante en el hipocampo, que viene a ser algo así como nuestro "disco duro" de memoria, y en la corteza prefrontal, sede de las capacidades cognitivas y del pensamiento superior.

- Mucha gente, dice "estoy con el alemán", refiriéndose a la enfermedad de Alzheimer cuando no puede recordar algo. ¿Le merece algún comentario?

- El proceso neurotóxico que describí antes, afecta la zona prefrontal y en consecuencia, disminuye las capacidades de concentración, de focalización de la atención y afecta la memoria inmediata de corto plazo, la llamada "memoria de trabajo". Esta situación genera dificultades para retener información y, al mismo tiempo, se olvidan cosas recientes, de tipo operativo (la llave, los números de teléfono, direcciones, nombres, etc.). El compromiso del hipocampo afecta la consolidación de la memoria, por lo que resulta difícil estudiar, retener, atender una clase o conferencia.

El estrés prolongado puede provocar este cuadro a cualquier edad, pero cuando sucede en personas mayores asusta de manera especial, porque inmediatamente aparece el fantasma del Alzheimer y esto puede provocar mayor angustia y aumentar el estrés y así, convertir el proceso en un círculo vicioso. Es muy común en estos casos que se desarrollen sindromes depresivos que agravan el proceso.

- La pérdida de memoria por estrés, ¿es más frecuente en hombres, en mujeres, es igual en ambos sexos o no se sabe?

- La mujer, como en otras tantas cosas, lleva alguna ventaja. La mayor cantidad de receptores estrogénicos y de conexiones interhemisféricas en el cerebro femenino la protege más, pero finalmente las neuronas se deterioran de la misma manera. En nuestra experiencia clínica, observamos que esa mayor resistencia parece determinar que, cuando claudican sus sistemas de defensa, lo hacen de manera más abrupta e intensiva que en el hombre, y también demora más su recuperación.

- ¿Qué recomendaciones propondría para evitar el estrés?

- **Primero:** revisar la calidad de vida. Esto no significa mayor confort, *tener* más cosas, sino hacer todo lo necesario para obtener una íntima gratificación por las realizaciones personales, aunque no parezcan importantes para otros. Disfrutar de las cosas simples de la vida, no dejarse ganar por el exacerbado consumismo, individualismo y competitividad de la sociedad. Competir solo con uno mismo para tratar de ser cada vez mejor persona y no darle importancia a las apariencias. Perdonarse las equivocaciones y aprender a perdonar los errores de otros. Regular la calidad de las emociones (miedo, enojo, celos, envidia, etc.), moderarlas para evitar que predominen y nublen la razón.

Segundo: es fundamental mantenerse activo tanto en el aspecto físico, cuanto en el intelectual, pero sin sobreexigencias. Cuidar la alimentación, vigilar los otros factores de riesgo (hipertensión arterial, aumento de peso, colesterol y dislipemias, diabetes) que configuran el llamado sindrome metabólico, deterioran el sistema circulatorio y pueden llevar a trastornos cerebrovasculares. Además, es importante tener en cuenta que, en la mayoría de los casos, es el estrés prolongado el que desencadena el sindrome metabólico.

Tercero: fijar prioridades. Ordenar y organizar las actividades, sin superposiciones y evitar las urgencias con una adecuada planificación. Priorizar y cuidar siempre las relaciones afectivas. El trabajo debe ocupar un tercer lugar, luego del cuidado de uno mismo y de las relaciones con nuestros afectos y terceros. Es fundamental estar bien con uno mismo y con su entorno afectivo y laboral, en lugar de darle importancia a los bienes materiales. Tener mucho o poco no hace a la armonía personal.

Cuarto: no hay que perder la capacidad de curiosidad y aprendizaje. El cerebro se mantiene activo cuando la persona sigue interesada en conocer cada vez más cosas, informarse y mantener la actitud de seguir aprendiendo. Se ha estudiado cerebros de personas que fallecen a edades muy avanzadas en plena actividad y se encontró que a medida que envejecen (aquellos que pueden catalogarse como "viejos sabios") se van incrementando sus receptores estrogénicos cerebrales. Este es uno de los eslabones que demuestra la unión psico-biológica en la vejez saludable.

Quinto: es muy importante relacionarse con personas que puedan brindar contención y apoyo. Desarrollar la empatía. Participar en actividades solidarias, grupos de estudio, viajes con contenido cultural, cine-debate y actividades similares. Establecer relaciones más profundas que las relaciones "líquidas" de la cultura "ligth" que hoy predominan en la sociedad.

- Acaba de dar pautas para evitar el estrés. Pero si uno está estresado, ¿qué puede hacer para revertir la situación?

- **Primero:** no engañarse a sí mismo minimizando los trastornos y buscar ayuda. Esta negación es muy común en docentes, trabajadores y profesionales de la salud que están afectados por estrés laboral prolongado (*burnout*).

Segundo: examen clínico completo, diagnóstico por imágenes, estudios de laboratorio y en ciertos casos, estudios genéticos.

Tercero: diagnóstico neuropsicológico para determinar con mayor precisión el grado de déficit cognitivo y su probable causa.

Cuarto: si el problema es por estrés (la mayoría de los casos), además de los tratamientos que correspondan, poner en práctica los cinco puntos de los consejos preventivos.

Quinto: si el diagnóstico es Déficit Cognitivo Leve (DCL) con evolución probable a Enfermedad de Alzheimer, existen tratamientos que van desde "gimnasia cerebral", a cargo de neuropsicólogos especializados, hasta medicación específica que, por ahora, retardan el proceso.

Capítulo XII

La función reparadora del sueño.

Sueño y memoria

Neurogénesis o reproducción de las neuronas

- ¿Cómo se relaciona el sueño con la memoria?

Parece ser que durante las fases de sueño más profundo -llamado REM por sus sigla en inglés o de Movimientos Oculares Rápidos (MOR en castellano)- se produce un "reseteo" de la memoria de manera tal que aquellas neuronas del hipocampo que están a punto de terminar su vida útil (a esto se llama apoptosis celular) le transmiten el contenido de sus memorias a las nuevas células que se incorporan.

El cerebro aparentemente evalúa la importancia de los recuerdos durante el sueño y retiene preferentemente aquellos que considera más relevantes.

Un grupo de investigadores pidieron a un total de 191 voluntarios que realizaran dos tipos de tarea para comprobar la retención de los datos aprendidos.

En la primera, los sujetos debían aprender 40 pares de palabras (memoria declarativa). En la segunda tarea, los participantes tenían que asociar imágenes de animales con objetos (memoria visuoespacial) y también practicar secuencias de toques con los dedos (memoria motora procedimental).

En ambos grupos a la mitad de los voluntarios se les dijo inmediatamente después de la tarea que se los sometería a examen 10 horas después y solamente a algunos de los voluntarios se les permitió dormir antes de realizar el examen.

Estos últimos, los que pudieron dormir, obtuvieron mejores resultados que los que no lo hicieron. Ahora, solo aquellos que durmieron y sabían que se les iba a examinar obtuvieron unos resultados sustancialmente mejores.

Se realizaron electroencefalogramas a los individuos a los que se les permitió dormir. Mostraron un incremento en la actividad cerebral durante el sueño profundo que fue mucho mayor en los sujetos que sabían que iban a ser examinados.

Como se ve en esta experiencia el cerebro reconoce lo más importante cuando dormimos bien.

- Usted mencionó que algunas neuronas mueren y otras se incorporan. ¿Acaso las neuronas se reproducen? ¿No es que si se destruyen no se recuperan?

Antes comentamos que el hipocampo sería algo así como el "disco duro" del cerebro y que está constituido por dos estructuras, una a cada lado del cerebro, cuya forma recuerda a los caballitos de agua. Está rodeado por una zona de la corteza cerebral que se llama gyrus dentado o corteza cingulada, constituida como el resto del tejido cerebral por neuronas y células gliales. Estas últimas serían como un verdadero laboratorio celular y se encargan de todo lo necesario para que las neuronas funcionen correctamente. Se ha comprobado que las células de esta zona del cerebro (y es probable que esto suceda también en otras) poseen potencialidad para transformarse en nuevas neuronas que reciben la información almacenada en las más antiguas.

- ¿De allí la importancia del sueño para la memoria?

- Durante las horas de sueño normal, tenemos pocos momentos de sueño REM. Estos momentos, que suelen durar alrededor de 15 a 20 minutos, se producen de manera alternada, tres o cuatro veces, habitualmente en horas de la madrugada. Coinciden con el momento en que la temperatura del cuerpo es la más baja durante la noche.

Es la hora de los sueños raros, las pesadillas que sólo recordamos si por algún motivo despertamos bruscamente en medio de un sueño tan profundo.

Las personas que sufren situaciones de estrés prolongado no pueden dormirse, tienen dificultades para conciliar el sueño si están muy ansiosas o cuando ya están con un síndrome depresivo caen rendidas pero sufren despertares frecuentes en la madrugada.

De manera que a veces no concilian y otras veces no mantienen el sueño como corresponde. Por lo tanto, el sueño no es reparador.

Y si el sueño no es reparador, el proceso de retransmisión y consolidación de los recuerdos no se produce, de manera que a medida que transcurre el tiempo y esta situación permanece, comienzan a olvidarse determinados recuerdos.

- ¿El sueño mejora los procesos de aprendizaje?

- Sin duda. Hace poco se publicó una interesante experiencia que efectuaron investigadores de la Universidad de York, en Inglaterra. Durante la noche, los científicos enseñaron a voluntarios palabras nuevas e inmediatamente les pidieron que las recordaran. Luego, este grupo durmió en el laboratorio mientras se registraba su actividad cerebral y a la mañana siguiente, se observó que los participantes podían recordar y reconocer más palabras que las que habían retenido apenas aprendidas.

En cambio, otro grupo de participantes que no durmió entre las pruebas, recordó menos palabras.

Los datos sobre actividad cerebral recolectados de los voluntarios del grupo que durmió mostraron que el sueño profundo de tipo REM ayudaba a fortalecer la memorización de las nuevas palabras. Y además que a mayor cantidad de períodos de sueño de este tipo, aumentaba el éxito en el recuerdo de palabras nuevas.

- Entonces, ¿por qué decimos que necesitamos dormir para olvidar y desconectarnos de los problemas?

- Aunque durmamos, no necesariamente descansamos. Debemos dormir bien, profundamente y lo suficiente. Mientras dormimos el cerebro sigue activo, aunque sin conciencia, para reparar el cansancio y organizar toda la información recibida. Por ejemplo, es común que al despertar y luego de haber descansado y reparado cuerpo y mente, hayamos encontrado la solución a un problema que no podíamos resolver el día anterior.

Como dice el Dr. Daniel Cardinali, científico argentino que es una de las mayores autoridades mundiales en la materia, sueño y vigilia se complementan y se consideran dos partes de una misma unidad. Este destacado científico, explica que el sueño se organiza en fases que aparecen de manera continuada y que cumplen funciones específicas. La primera, la de ondas lentas o sueño no REM, se divide en cuatro etapas que permiten que el sueño sea cada vez más profundo. En este proceso, que se prolonga durante unos 90 minutos, disminuye el ritmo respiratorio y cardíaco, al mismo tiempo que se produce un aislamiento sensorial que proporciona el descanso físico para la recuperación de energía.

La segunda fase es la llamada sueño REM o de los movimientos oculares rápidos. En sus aproximadamente 90 minutos de duración, el cerebro registra casi tanta actividad como durante la vigilia, puesto que es la etapa en la que se originan los sueños y pesadillas.

Pero en lugar de recoger información del mundo externo, el cerebro sólo tiene en cuenta la información que genera por sí mismo, como un intento de organización y de consolidación de aprendizajes y recuerdos.

Durante las ocho horas que debería durar el sueño se suceden alternativamente las dos fases descritas, de modo que se alterna sueño profundo y menos profundo unas tres o cuatro veces cada uno. Los episodios vividos en los sueños de la última fase REM se recordarán con más facilidad por su cercanía al momento de despertarse.

Cualquier situación que altere esta secuencia normal de los ritmos sueño-vigilia va a tener, entre otras cosas, una importante repercusión sobre la memoria.

- ¿El estrés afecta directamente al sueño y la memoria?

- Sí. Por un parte, vimos que la ansiedad y depresión, que forman parte de los síndromes de estrés prolongado, se correlacionan con alteraciones del sueño.

La explicación tiene que ver con neurotransmisores como la serotonina y la melatonina. Ambos derivan de un mismo aminoácido que es una partícula proteica que se ingiere con una dieta normal.

Pero sucede que en situaciones de estrés se alteran las vías metabólicas que transforman ese aminoácido llamado tryptofano en serotonina, por lo que se produce menos cantidad de la necesaria y en cambio aparece otro compuesto que se llama quinureina que es muy neurotóxico.

Al haber menos serotonina hay menos sensación de bienestar, no se duerme adecuadamente y, además, se produce menos transformación de serotonina en melatonina en una glándula del cerebro llamada Pineal que está encargada de fabricarla (a partir de serotonina) y secretarla cuando cae el sol.

Todos los ritmos biológicos están interrelacionados: si se desequilibra uno, repercute sobre todos los demás. De manera que la secreción nocturna (se llama circadiana) de melatonina está íntimamente relacionada con la curva diurna de secreción de cortisol que se altera habitualmente en el estrés prolongado.

El estrés prolongado contribuye a que se borren los límites del ritmo sueño-vigilia, indispensable para la consolidación de la memoria.

Capítulo XIII
Sobre el Estrés Celular

- ¿Qué es el estrés celular?

- Es una alteración en los mecanismos químicos de reducción del oxígeno dentro de cada célula, por lo que se acumulan unas sustancias llamadas "radicales libres" que son tóxicos y pueden llevar a la apoptosis o muerte celular.

- ¿Qué lo produce?

- Todo lo que hemos hablado acerca del estrés prolongado es aplicable al estrés celular que no es otra cosa que el involucramiento a nivel molecular de todas las células de los sistemas psico orgánicos. Por eso decimos que la reacción de estrés es sistémica.

- ¿Qué son las proteinas de estrés? ¿Tienen que ver con algo llamado "gránulos de estrés"?

- Estas son cosas relativamente nuevas. Leí un artículo en el diario *La Nación*, del 14 de diciembre de 2010, que refiere un hallazgo en ese sentido de científicos del Instituto Leloir de Buenos Aires publicado en The Journal of Cell Science. El trabajo muestra que determinadas estructuras celulares aparecen cuando los seres vivos enfrentan súbitamente condiciones adversas, tales como un aumento de la temperatura, la radiación ultravioleta o la presencia de sustancias químicas nocivas.

Despliegan acciones defensivas para lograr la supervivencia celular que se conocen como respuesta al estrés en una parte especial de la célula llamada Retículo Endoplásmico (RE).

Existen también en las células unas proteínas especiales, llamadas inicialmente "calentadoras" (porque se descubrieron experimentalmente elevando la temperatura), cuya función es reparar las proteínas que se forman a partir de la información genética contenida en el núcleo celular que por diversas causas (llamadas epigenéticas) puedan alterarse, plegarse mal en el RE y adoptar morfologías disfuncionales por las condiciones adversas referidas en el párrafo anterior.

Actualmente, a las calentadoras, reparadoras o "chaperonas" se les llama "proteínas de estrés".

Cuando éstas claudican en su función, porque las condiciones estresantes son muy prolongadas, se producen proteínas mal plegadas en las diversas células de los tejidos orgánicos, incluido el cerebro y en consecuencia desequilibrios funcionales que son el origen de diversas enfermedades.

Ahora habrían descubierto otras estructuras celulares, llamadas "gránulos de estrés" que serían claves en estas respuestas defensivas del organismo.

"Ante una situación adversa, las células tienen que tomar decisiones muy cruciales, como, por ejemplo, dejar de fabricar las proteínas que normalmente sintetizan, no perder el tiempo con sutilezas, bajar la llave maestra, apagar todo y utilizar la energía para fabricar las proteínas especializadas en la contención y en la reparación del daño físico o químico (las proteínas de estrés). En pocas palabras, la célula silencia todo lo que tiene que ver con la vida normal y activa lo que necesita para sobrevivir", explicó en el artículo citado la doctora Graciela Boccaccio, jefa del Laboratorio de Biología Celular de la Mielina del Instituto Leloir e investigadora del Conicet.

Y agregó: "Ese mecanismo de respuesta defensiva universal ocurre tanto en las células de los mamíferos como en las de los insectos y las plantas".

Hace menos de una década, un equipo de investigadores de la Universidad de Harvard había descubierto que, durante la respuesta al estrés, la maquinaria de síntesis de proteínas que se encuentra transitoriamente inhabilitada es almacenada en el citoplasma celular en los gránulos de estrés.

En distintas investigaciones reprodujeron estrés oxidativo y proteínas mal plegadas en células humanas y de ratón.

"El estrés oxidativo ocurre en procesos inflamatorios y está presente también en trastornos circulatorios, como la isquemia. Las proteínas mal plegadas, son frecuentes en muchas enfermedades neurodegenerativas, que afectan a las neuronas o las células mielinizantes. Como están mal plegadas, no cumplen su función y su acumulación interfiere con el normal funcionamiento celular, lo que las hace un factor importante de estrés", dijo Boccaccio.

Una vez obtenidos los gránulos de estrés en las células estudiadas, la doctora María Gabriela Thomas y otros investigadores del laboratorio del Instituto Leloir manipularon experimentalmente los niveles de una proteína (Staufen 1).

Al bloquear o sobreexpresar (hacer aparecer más) el gen que forma esa proteína, elevaron o disminuyeron sus concentraciones y descubrieron que inhibe la formación de los gránulos de estrés.

- ¿Qué implicancia tienen estos hallazgos?
- La importancia del hallazgo reside en que es el primer regulador negativo descubierto del estrés a nivel celular. La función de las proteínas de estrés es protectora y reparadora. Los gránulos que se describen ahora son como una suerte de "protectores" de las proteínas normales a las que encapsulan cuando ocurren condiciones adversas para que puedan actuar las reparadoras con comodidad.

Así, se procura obtener nuevas líneas de fármacos para interferir en la respuesta al estrés celular e influir sobre la vida o la muerte de las células en diversas patologías e incluso en el envejecimiento.

Incluso se podrá, por ejemplo, colaborar para interferir y evitar que las células cancerosas sobrevivan al estrés que les produce la terapia antineoplásica o para optimizar respuestas defensivas de las neuronas en enfermedades neurodegenerativas, como el Alzheimer, o autoinmunes, como la esclerosis múltiple.

Capítulo XIV
El Estrés del Cuidador

- Las personas que tienen a cargo el cuidado de ancianos o personas con diversos grados de incapacidad, al cabo de un tiempo comienzan a padecer diversas molestias y síntomas variados. ¿Qué relación tienen estos inconvenientes con el trabajo que están realizando?

- Frecuentemente comienzan a padecer el llamado "Estrés del Cuidador". Es otra de las formas de estrés laboral crónico y decimos laboral aunque el cuidador sea un familiar o alguien muy allegado afectivamente. Está desempeñando un trabajo, que tiene sus consecuencias.

Hoy se pone mucho énfasis en "cuidar al cuidador". Cuidar a un paciente con discapacidades mentales o físicas o terminal, es una actividad dura, estresante y frustrante.

- ¿Qué son y cómo pueden definirse los "cuidadores informales"?

- Por tradición, la familia ha asumido una parte importante en los cuidados de las personas mayores, de pacientes con enfermedades crónicas incapacitantes, que viven o no en el mismo domicilio. Pero dentro del núcleo familiar estas tareas nunca han estado repartidas de forma ecuánime entre sus miembros.

Algunos datos estadísticos informan que el 82% de los cuidadores son mujeres. De este porcentaje, un 43% son las hijas, un 22% son esposas y aproximadamente el 8% son nueras del paciente. La edad media de las cuidadoras es de 52 años, aunque el 20% superan ampliamente la sesentena.

Además, el 60% de los cuidadores informales no comparte la tarea con otras personas, sean de la familia o no.

La rotación de familiares para sustituir a la cuidadora principal se da en muy pocos casos. La mayoría están casadas, suelen compartir el mismo domicilio con el paciente dependiente por lo que se sienten obligadas a prestar cuidados de forma permanente y continua. Por esta razón se debe evaluar muy bien su estado de salud o de enfermedad.

El aumento de la esperanza de vida y el consiguiente envejecimiento de la población, que va asociado a múltiples enfermedades crónicas e incapacitantes y la reducción de la estancia hospitalaria son factores que determinan que uno de los servicios esenciales en sanidad sea la atención domiciliaria.

Y para que esta atención sea de calidad es necesario contar con la presencia del cuidador informal en buen estado de salud y debidamente capacitado.

- ¿Cómo se aprende a ser cuidador?

- Lamentablemente no existen lugares para aprender. Quienes vayan a cuidar enfermos deberían recibir una formación básica sobre la tarea que desarrollarán. El cuidador aunque sea informal necesita, además de reforzar una serie de valores y habilidades, mucho apoyo para sobrellevar la propia carga emocional y física que supone estar al cuidado de estas personas.

Se debe considerar que las discapacidades físicas o intelectuales (a veces combinadas), sean congénitas o por enfermedades o envejecimiento, no solo afectan al enfermo sino a toda la familia, que en algunos casos ayuda y en otros se desentiende, o se invalida por la angustia que sufre.

- ¿Y el manejo de las relaciones familiares?

- Hay situaciones especiales en donde el cuidador es objeto de críticas, desconfianza y vigilancia constante que incrementan su estrés. Algunas veces, familiares hasta entonces desaprensivos con respecto a la persona afectada, son quienes se vuelven más críticos y vigilantes, como una forma de "lavar" sus propias culpas, pretendiendo brindar a través del cuidador, todo lo que ellos oportunamente dejaron de hacer por la persona afectada.

En tales casos puede ser útil convocar a una reunión familiar para hablar no solo del cuidado de la persona sino sobre el entorno psicoemocional que ambos, paciente y cuidador, necesitan. Informar e informarse sobre el estado o la enfermedad y planificar los cuidados futuros.

El cuidador debe poder comprender las emociones que la situación suscita para manejar los problemas relacionados a los cuidados del paciente y los suyos. Algunas de las emociones más comunes que todos los involucrados (incluso el paciente si tiene cierto grado de lucidez) pueden experimentar son: pena, culpa, enojo, ira, vergüenza, impotencia, soledad.

- ¿Cuáles son los síntomas del estrés del cuidador?

- El hecho de cuidar a una persona hace que tengamos que responder a una serie de exigencias, tareas, esfuerzos y tensiones derivadas de su cuidado, pudiendo llegar a provocar cambios en diferentes ámbitos (familiar, laboral y social) de su vida cotidiana.

- *Cambios en las relaciones familiares.*
  Pueden aparecer conflictos en el seno de la familia, por desacuerdos con el grado de implicación de los familiares en el cuidado de la persona dependiente. Es frecuente en nuestro medio que el papel del cuidador sea femenino y también es frecuente el diferente grado de compromiso de los familiares.

- *Desgaste emocional.*
  Los cuidadores se ven expuestos a diversas emociones y a sentimientos encontrados. Algunos positivos, como los sentimientos de satisfacción por contribuir al bienestar de un ser querido. Pero también, frecuentemente negativos, como sensación de impotencia por la falta de resultados positivos, sentimientos de culpabilidad, por momentos rechazo hacia la persona dependiente y estados emocionales depresivos de soledad, preocupación o tristeza.

Tampoco hay que olvidar que la incorporación de la mujer en el ámbito laboral, con poco tiempo libre disponible, puede transformar la satisfacción de cuidar al ser querido en una obligación, en una pesada carga e incluso se puede llegar a culpabilizar a la persona que se cuida como origen de su estrés.

- *Problemas de la propia salud.*
  El cuidado prolongado de un familiar termina afectando a la salud de los cuidadores, por las consecuencias que el estrés prolongado tiene sobre su organismo.

- *Consecuencias laborales.*
  Los cuidadores que trabajan suelen experimentar un conflicto entre las tareas de cuidado y las obligaciones laborales. La sensación es estar incumpliendo tanto en el trabajo (por absentismo, falta de puntualidad, etc.) como en el cuidado del familiar (por no poderle dedicar más tiempo).

- *Dificultades económicas.*
  Son frecuentes las dificultades económicas, tanto porque disminuyen los ingresos (al disminuir la dedicación laboral al trabajo específico) como porque aumentan los gastos derivados del cuidado del familiar.

- *Disminución de las actividades de tiempo libre.*
  La situación de cuidador, provoca una disminución del número de sus actividades sociales y de esparcimiento que anteriormente realizaba, lo que lleva a sufrir sentimientos de aislamiento social y soledad.

- *Sentimientos de culpabilidad.*
  Ante el dilema de ingresar a un familiar dependiente en una institución especializada, aparecen los conflictos, ideas de culpa, discusiones familiares. Es una de las decisiones más difíciles de tomar, debiendo priorizarse esta decisión por difícil que sea ante la imposibilidad de seguir dando cuidados

¿Qué pueden hacer los cuidadores por su propio bienestar?

Como en muchos otros casos de situaciones de estrés prolongado o crónico debe recomendarse entre otras cosas:

- Tomarse tiempo para sus propias necesidades físicas y emocionales.
- Reconocer sus limitaciones y aprender a decir no a las sobreexigencias propias y demandas ajenas.
- No pretender modificar el curso natural de las situaciones que le toca enfrentar.
- Entender que su misión es sólo ayudar a que la persona a su cargo sufra lo menos posible, se sienta acompañada y contenida.
- No sentirse culpable por el devenir de la enfermedad.

Para responder mejor, me permito recomendar los *Doce Pasos para El Cuidador*, cuyos autores son el Dr. Farran y la Sra. Keane-Hagerty (*Twelve Steps for Caregivers*, de Connections. ADEAR Center, Silver Spring, Md. USA, 2000) que propusieron en realidad para cuidadores de parientes con una enfermedad muy invalidante y progresiva que se llama Esclerosis Lateral Amiotrófica (ELA) y que con algunas modificaciones entiendo que es útil para un cuidador en la mayoría de las situaciones que le toque intervenir:

1. *Puedo controlar hasta donde la enfermedad me afecta a mí y a mi pariente o paciente.*

Pronto los cuidadores se dan cuenta cuáles son los aspectos del cuidado que pueden controlar y cuáles no. A pesar que el proceso de la enfermedad no cambiará, los cuidadores se vuelven más capaces y más expertos en el manejo de comportamientos perturbadores del propio paciente, con el fin de poder controlar su propia actitud cuando se enfrentan a ellos.

2. *Necesito cuidarme.*

Para poder continuar proveyendo o dando cuidados efectivos a nuestros seres queridos, o a nuestros pacientes tenemos de manera prioritaria que cuidar de nosotros mismos.

3. *Necesito simplificar mi estilo de vida.*

Los cuidadores deben aprender a identificar qué es lo más importante, lo que deben hacer en forma inmediata y deberá acaparar toda su atención. Deben organizar sus propias actividades y no permitir que tiendan a ser adaptadas o dejadas de lado a medida que se requiere mas tiempo para prodigar cuidados.

4. *Necesito dejar que otros me ayuden.*

Deben vencer la idea de que les resultará difícil pedir ayuda, porque lo consideran un signo de debilidad. Deben permitir que otros les ayuden y tienen que aprender a pedir ayuda.

5. *Debo pensar en el hoy, tomando día por día.*

Reforzar la importancia de pensar en solo lo de hoy y en los desafíos que tendrá que enfrentar este día, ayudará a enfocar o concentrar todas sus energías en lo más importante del corto plazo y disminuir la sensación de agobio.

6. *Necesito organizar mi día.*

Cuando se cuide personas con deterioro intelectual es preferible establecer una rutina, un cierto ritual para que el afectado sienta una sensación de protección y seguridad y el cuidador pueda usar más eficientemente su tiempo y energía.

7. *Debo tener sentido del humor.*

El sentido del humor puede ayudar a los cuidadores a sobrellevar situaciones difíciles. Mantenerlo significa poder ser lo suficientemente objetivo como para ver algo de comedia y algo de ironía en situaciones que de otro modo serían embarazosas, dolorosas o vergonzantes.

8. *Debo recordar que los comportamientos y las emociones de mi pariente o paciente están distorsionados por la enfermedad.*

Los cuidadores pueden llegar a creer que las alteraciones del comportamiento del paciente van dirigidas hacia ellos, en forma personal. Si pueden mantener su objetividad cuando pasan por dichas experiencias, podrán separar o diferenciar mejor entre la enfermedad y la persona.

9. *Debo concentrarme y disfrutar lo que mi pariente o paciente aún es capaz de hacer.*

Disfrutar de los buenos momentos es una forma en que los cuidadores pueden ayudarse a superar las dificultades presentes.

10. *Debo aprender a depender de otros para recibir apoyo y afecto.*

Cuando se cuida a familiares muy queridos, los cuidadores deberán ir acercándose cada vez más a familiares y amigos en busca del afecto y el apoyo que el familiar enfermo ya no puede darle.

11. *Tengo que recordarme a mí mismo que estoy haciendo lo mejor que puedo en este preciso momento.*

Darse cuenta que no se puede siempre manejar todas las situaciones a la perfección, reconocer sus limitaciones, desarrollar el sentido de auto aceptación y sentirse satisfechos de cómo han aprendido de otros cuando pidieron ayuda.

12. *Si soy creyente, pensar que existe un Poder Superior que me protege.*

La creencia en ese poder les ha ayudado a encontrar un significado y una razón para su tarea de cuidadores.

Si los cuidadores pueden mantener la objetividad con respecto a sus experiencias, podrán discernir mejor entre la enfermedad y la persona.

¿Existe algún test o evaluación que permita medir el estrés del cuidador?

Puede utilizarse el "Índice de estrés del cuidador" (Caregiver Strain Index- Robinson, B. (1983). Validación de un índice de tensión del cuidador. Revista de Gerontología. 38:344-348).

¿Cuáles de las siguientes situaciones son aplicables a usted como cuidador de ese paciente? MARCAR SÍ / NO.

Caregiver Strain Index		
¿Cuáles de las siguientes situaciones son aplicables a usted como cuidador de ese paciente?	**SÍ**	**NO**
Puntuación total:		
El sueño se turba (p. ej. porque el paciente se sube y se baja de la cama o porque vagabundea por la noche)		
Esto es muy incómodo (p. ej. porque ayudar al paciente me toma demasiado tiempo, o porque he de acudir desde muy lejos)		
Esto me somete a tensión física (p. ej. a causa de tener que levantarme de la silla una y otra vez; se requiere esfuerzo o concentración)		
Esto es aprisionante (p. ej. el ayudarle me reduce el tiempo libre o no me permite ir de visita)		
Hemos tenido que realizar reajustes en la familia (p. ej. porque ayudar al enfermo ha roto la rutina; no hay intimidad)		
He tenido que realizar cambios en mis planes personales (p. ej. he tenido que renunciar a un empleo o no he podido irme de vacaciones)		
Tengo que atender otras necesidades al mismo tiempo (p. ej. de otros miembros de la familia)		
Ha habido trastornos emocionales (p. ej. a causa de asuntos graves)		
Algún comportamiento del paciente es especialmente molesto (p. ej. incontinencia de esfínteres, no recuerda las cosas, acusa a la gente de llevarse cosas)		
Es muy desagradable ver que el paciente ha cambiado tanto con respecto a como era antes (p. ej. su personalidad ha cambiado)		
He tenido que realizar reajustes en el trabajo (p. ej. a causa de tener que dedicar más tiempo al paciente)		
Es una carga económica		
Me siento completamente abrumado (p. ej. a causa de preocupación por el enfermo, o preocupación por cómo voy a manejar la situación)		

Contar las respuestas afirmativas. Cualquiera de ellas puede indicar la necesidad de intervenir en esa área.

Una puntuación igual o superior a 7 indica un alto grado de estrés.

- ¿Hay alguna diferencia cuando se trata de cuidar a un enfermo terminal?

- Es cada vez es más frecuente tener en el seno familiar a una persona con una enfermedad progresiva, avanzada que ya no es curable y que precisa de ayudas y cuidados especiales. El objetivo debe de procurarle el mayor bienestar y calidad de vida posibles en la fase final de su vida.

El cuidado de este tipo de enfermos no es una tarea fácil, porque se enfrenta a una etapa muy vulnerable en la que, siendo más o menos consciente de su situación, quien la vive se siente aislado física y emocionalmente y fácilmente entra en depresión.

El progresivo deterioro le produce cambios en su identidad social, en sus habilidades físicas, autonomía y referencias habituales, y todo ello le genera desasosiego, desesperanza, pérdida de la autoestima y del sentido de la existencia. La atención a estos pacientes se convierte, por tanto, en una labor muy delicada.

- ¿Es conveniente que el paciente sepa la verdad sobre su estado?

- Es una pregunta de difícil respuesta. Los especialistas en cuidados paliativos opinan que la muerte en paz se produce cuando los enfermos conocen la verdad, la asumen, tienen un control sintomático adecuado, apoyo familiar y una persona de confianza a su lado.

Cuando el paciente sufre intensos dolores, estos especialistas cuentan con sistemas como la llamada analgesia escalonada o la «Escalera Analgésica" de la Organización Mundial de la Salud, que irá aplicando progresivamente.

Pero en nuestro sistema de salud, en realidad son pocas las personas que pueden acceder a este tipo de cuidados. Frecuentemente es el médico clínico o el oncólogo quien debe decidir al respecto.

Si bien hay normas de bioética, quienes hemos atravesado una vida de médicos en frecuente contacto con pacientes en estos estadíos nos planteamos constantemente el problema.

Personalmente, el día que debía ir a la colación de grados para recibir mi diploma de médico, me encontraba atendiendo el consultorio de Clínica Médica del Hospital Córdoba (lo venía haciendo desde mis días de estudiante). Tuve que dejar en mi lugar a un colega amigo, también recién recibido y en ese lapso vino a la consulta un señor de unos sesenta años que me había sido derivado por un tío, médico clínico de gran experiencia de una localidad cercana, para que le solicitara una radiografía de esófago, puesto que por la sintomatología que presentaba sospechaba que padecía un cáncer en ese órgano.

El paciente en cuestión era soltero y único sostén de su madre, de casi 90 años. El amigo que me reemplazaba, cuando vio el resultado del examen radiológico que confirmaba el diagnóstico de cáncer de esófago avanzado, derivó al paciente a un reconocido especialista en oncología (era uno de los primeros en llegar a nuestro hospital) que acababa de retornar al país luego de su formación en Norteamérica.

Este médico actuó como lo hacían rutinariamente en ese país: le informó en detalle lo que le ocurría y le ocurriría en un relativo corto plazo.

A todo esto yo regresaba al Hospital, me encontré con un gran revuelo en la zona de estacionamiento. ¿Qué había pasado? El paciente había subido a la terraza por encima del 5º piso y se había suicidado tirándose desde allí al piso de cemento del subsuelo.

Mi impresión fue tal que nunca se borró de mi mente esa escena, que se me presentó a lo largo de mi vida profesional cuantas veces me enfrenté a situaciones similares.

Se dice que los médicos nos debatimos muchas veces entre las normas de la "ética pura", de la verdad a ultranza y la "ética de las consecuencias", de las verdades a medias o las mentiras piadosas.

Lo cierto es que todavía no tengo una posición definida al

respecto. Todo depende de la relación mutua que se establezca con el paciente y la valoración conjunta del problema, no solo con él sino también con quienes son parte de sus afectos verdaderos.

Debemos tener en claro que muchas veces el dolor es más temido que la propia muerte y que la atención, el escuchar y dialogar ayudan al control del dolor, de la ansiedad y la depresión.

La empatía, el ponerse en el lugar del que sufre e identificarse con él, es la base de un buen cuidado de todo paciente y más en casos terminales.

Los médicos sabemos que la empatía tiene mucho que ver con el sentido del tacto que es uno de los primeros que se desarrollan desde el nacimiento y uno de los últimos que se pierden. Todos sabemos que tomarle la mano, tocar su hombro, acariciarle la cara, secarle la frente a quien sufre o colocarle bien en la cama calma el temor, la ansiedad y da tranquilidad y seguridad.

Una buena higiene corporal, el cuidado de la apariencia externa y un buen aseo no son solo atenciones básicas. También contribuyen a aumentar la autoestima y el equilibrio emocional.

Yo recomiendo leer *El cuidado del paciente terminal* de R. Buisán y J. C. Delgado (An. Sist. Sanit. Navarra. 2007 Vol. 30, Suplemento 3).

Capítulo XV

El estrés y las enfermedades del corazón

- ¿Cómo es la relación entre estrés y enfermedades cardíacas?

- Al respecto, quiero empezar refiriéndome a algo que el Dr. José Raúl Moyano reitera en sus clases de Clínica Médica.

Que en estudios epidemiológicos, mediante el control de los factores de riesgo clásicos: hipertensión arterial, tabaco, colesterol, diabetes, obesidad se ha demostrado que en los últimos cincuenta años del siglo XX se logró reducir a la mitad la mortalidad pre existente por enfermedades cardio coronarias en los años 50.

Pero desde fines de siglo esas estadísticas muestran un amesetamiento, no se logra bajar más esa incidencia y esto se debe a los denominados factores psico sociales, que no son otra cosa que la cadena de reacciones psico orgánicas originadas por el estrés prolongado.

Uno de los estudios más prolijos y significativos es el Witehall realizado por el University College de Londres controlando el estado de salud de 16.000 funcionarios de la administración de salud inglesa desde hace más de 16 años. Cuando se publicó un corte del estudio efectuado durante un período de doce años, los trabajadores con menos de 50 años de edad y que sufrían estrés laboral tuvieron un 68% más de posibilidades de sufrir enfermedades cardíacas que aquellos que tenían trabajos menos exigentes.

Este estudio publicado en 2008 muestra también los cambios específicos del sistema nervioso y los cambios en niveles de hormonas que causan el riesgo de enfermedades cardíacas.

La depresión reactiva (el 80% de las depresiones) es indistinguible del estrés crónico desde un punto de vista psiconeuroin-munoendócrino.

Son innumerables los trabajos publicados en las revistas científicas más acreditadas que destacan la incidencia del estrés y la depresión en la producción, mantenimiento y reaparición de enfermedades coronarias y cerebrovasculares.

Es destacable que en Argentina, Taragano y colaboradores publicaron en el año 2000, un trabajo en pacientes deprimidos con el uso de un inhibidor de la recaptación de serotonina, utilizado como medicación antidepresiva asociada a un bloqueante cálcico como coadyuvante, con lo cual obtuvieron una menor tasa de recurrencia de enfermedades cardiovasculares post Infarto Agudo de Miocardio (IAM). En el 2005 replicaron el trabajo con un tamaño muestral calculado y obtuvieron nuevamente un resultado significativamente favorable a esa hipótesis.

Un importante estudio, el Hawkins publicado en 1998, luego de 42 años de seguimiento (citado por Taragano) de pacientes sobre *Estrés prolongado y depresión* como factor de riesgo en individuos que no habían presentado eventos cardiovasculares con anterioridad, determinó que las personas sanas sin evidencia de patología cardiaca al inicio del estudio, por el hecho de haber padecido una depresión, duplicaban el riesgo de tener un infarto y que dicho riesgo aumentado persiste durante más de diez años.

En un estudio de 2003 publicado en JAMA se comparó la tasa de sobrevida a los tres años de seguimiento de sujetos infartados versus sujetos infartados con depresión y se verificó una menor tasa de sobrevida en estos últimos.

Otros estudios importantes muestran que pacientes que sufrieron Infarto Agudo de Miocardio presentan una prevalencia de estrés prolongado y depresión significativamente más alta en los 6 meses previos al IAM que el resto de la población.

También un estudio publicado en Journal of American Cardiology (JACC) estableció que el estrés laboral incrementa el riesgo coronario en un 60% siendo los principales factores condicionantes y predictores: la alta exigencia, demanda y/o presión psicoemocional en el trabajo, el bajo poder de decisión en las propias tareas y el bajo cociente recompensa/esfuerzo.

Un reciente estudio -llamado Enhancing Recovery in Coronary Heart Disease Patients (ERCHD)- acaba de confirmar que los pacientes con cuadros depresivos graves tienen un mayor estado inflamatorio y riesgo de trombosis que los pacientes sin depresión.

Un trabajo publicado en Circulation digital sobre un estudio llevado a cabo por investigadores de la Universidad de Washington en Seattle (Estados Unidos) concluye que el riesgo de angina se incrementa 2,24 veces con la cirugía coronaria, 3,12 veces con la depresión y 4,72 veces con la ansiedad. El director de la investigación, Dr. Mark Sullivan, dice al respecto, "la cardiología en Estados Unidos concentró los tratamientos de la angina casi exclusivamente en reducir la isquemia, pero nuestro trabajo sugiere que deberíamos evaluar y tratar también la depresión y la ansiedad en pacientes con angina frecuente. Y a este respecto, la cardiología británica y europea hacen algo más".

Son innumerables los estudios que corroboran la relación directa entre estrés prolongado, emociones, depresión e infarto de miocardio. Este tema es tan importante que en nuestra Asociación desarrollamos Cursos de Psicocardiología, Psico Neuro Inmuno Endocrinología del Aparato Cardiovascular y estamos preparando una publicación en la que expondremos extensamente todos estos conceptos.

- ¿Cómo incide el estrés en las personas que tuvieron un infarto o accidente cerebrovascular?

- Al sufrir un episodio coronario o peor, cerebrovascular, se producen cambios psicoemocionales muy significativos, provocados por la angustia que deviene por la sensación de vulnerabilidad extrema que a partir de esa experiencia el paciente padece. Se agrega la sensación de invalidez total o parcial, tener que someterse a un proceso de adaptación a estas circunstancias; la renuncia necesaria a fumar si lo hacía y a moderar otros hábitos como bebidas, comidas, etc.

Por otra parte casi siempre es necesario replantearse el tipo e intensidad de actividad laboral, social y deportiva por el temor a la reaparición del síndrome coronario agudo, lo que además provoca un estado de ansiedad anticipatoria y angustia.

Habitualmente aparecen dudas sobre la capacidad física y sexual.

Es común entonces que se produzca una baja de la autoestima, sentimientos de culpa por no haber tenido conductas preventivas con anterioridad y sensación de haber perdido el control de su propia vida.

Esto es particularmente importante en aquellas personas muy apegadas a las cuestiones de estatus y poder, que viven estas situaciones como un duelo y muchas veces prefieren el camino de la negación del problema y seguir con su vida anterior.

Todo lo descripto provoca un estado de estrés prolongado que se suma a las condiciones previas a la enfermedad y es muy frecuente que se caiga en un cuadro depresivo.

Si se acentúan las respuestas de tipo depresivo, con sensación de incapacidad psicofísica, la tendencia es a recluirse, aislarse. Las personas conviven con un temor permanente de que cualquier molestia torácica sea una angina de pecho y tienen miedo a movilizarse ante la posibilidad de complicaciones.

El peor pronóstico de rehabilitación se asocia en estos casos con la ansiedad y la depresión, sensación de mala salud y constante vigilancia de los síntomas.

- El tipo de personalidad, ¿influye de alguna manera?

- En clínica cardiológica se habla de prevalencia de enfermedades coronarias en quienes tienen personalidades tipo A y D. Esta clasificación de las personalidades (en A, B, C y D) no es utilizada habitualmente por psicólogos y psiquiatras.

Roseman y Friedman, dos cardiólogos norteamericanos, en la década del setenta postularon que los que iban a enfermar más de hipertensión arterial y enfermedades coronarias tenían características de personalidad que denominaron de Tipo A: personas que adoptan conductas de enfrentamiento especiales para controlar las demandas de un entorno que entienden como desafiante y en los que habitualmente predomina la impaciencia, competitividad, excesivo control, una cierta agresividad y hostilidad en los que predomina la desatención a síntomas tales como dolor y fatiga. Son generalmente personas exitosas, con alta motivación para lograr sus metas sin interesarles demasiado lo que les pase a los otros. Se caracterizan por llegar a veces hasta un estado de gravedad de su enfermedad por omnipotencia, dado que minimizan no solo los sentimientos sino también sus síntomas (una suerte de alexitimia hacia adentro) que los hace ignorarlos, de manera que sucumben a cuadros agudos de gravedad que los lleva a internaciones en UTI, intervenciones terapéuticas invasivas, etc., por no haber consultado a tiempo.

Existe otro tipo de personalidad muy ligada a la enfermedad coronaria, que se denomina Tipo D, con características muy distintas, caracterizados por ser pesimistas, grises, sombríos, introvertidos, resentidos. Esta personalidad está asociada con menor incidencia pero con una tasa más elevada de muerte por infarto de miocardio.

Tienen mayor tendencia a responder con intensa ansiedad a estímulos estresantes y a suprimir su emocionalidad de manera crónica, con prevalencia de constante preocupación e inseguridad. Tratan permanentemente de evitar las confrontaciones, los riesgos; son los típicos "evitadores del daño", por supuesto que en una magnitud excesiva. Aprendieron a inhibir sus conductas con el objeto de evitar el castigo (inhibición de la acción).

Las personas con Personalidad Tipo D (PTD) tienen mayor tendencia a perpetuar estas conductas que en realidad son anteriores al evento coronario y vienen minando su calidad de vida desde siempre. Las personas con este tipo de conductas tienen peor pronóstico, mayor mortalidad y recurrencia de enfermedad.

Las personas con Personalidad Tipo A (PTA), a pesar de ser las que enferman más, suelen superar más rápido esta etapa, son quienes mejor se adhieren a los tratamientos en los dos o tres primeros meses, atravesando satisfactoriamente las primeras fases de su rehabilitación y recuperando en mayor parte su estado de salud.

Si cambian efectivamente su calidad de vida de manera permanente son los que tienen mejor pronóstico.

Pero es frecuente que pierdan el miedo, comiencen a negar su enfermedad y manifiesten "encontrarse muy bien", considerando que la preocupación médica es exagerada, sensación que se acrecienta a medida que transcurre mayor tiempo libre de síntomas. En tal caso es muy frecuente que regresen a los hábitos nocivos previos a la ocurrencia del episodio: modos de vida estresantes, competitividad, hostilidad, tabaquismo, sedentarismo y alimentación desordenada e inadecuada. Conductas que los llevarán inexorablemente a la recurrencia de la enfermedad.

- ¿La contaminación puede causar problemas cardiacos y cerebrovasculares?

- Vivir o trabajar en un entorno contaminado afecta seriamente a la salud.

Hay distintos tipos de contaminaciones, por ejemplo está demostrado que cierto nivel de ruido permanente altera el sueño, el bienestar y provoca estrés prolongado, hipertensión y afecciones cardiovasculares. La reiteración del ruido supera los mecanismos de filtro cerebral –a nivel del tálamo- y afecta directamente a las amígdalas cerebrales provocando los mismos efectos de un estrés post traumático.

En cuanto a la polución del aire, un estudio efectuado por expertos de la Universidad de Washington publicado en New England Journal en mujeres pos menopáusicas, revela que las que viven en grandes ciudades tienen más posibilidades de sufrir afecciones cardiacas y accidentes cerebrovasculares que las que viven en lugares libres de polución.

Cada vez que la concentración de sustancias tóxicas, medida en microgramos por metro cúbico de aire, aumenta un 10%, el riesgo de padecer afecciones cardiovasculares aumenta en un 76% debido a la inflamación de las células sanguíneas y los pulmones, que favorece la acumulación de grasa y la aterosclerosis.

Los principales responsables son el ácido sulfúrico y el monóxido de carbono, así como los gases emanados de la quema de árboles y combustibles fósiles.

- ¿Qué debe hacer quien padeció alguna de estas enfermedades?

- Lo fundamental es *lograr la modificación de las conductas* que provocaron la enfermedad. Para ello cumplen un gran rol:

A) La educación sobre la salud:

1. aceptación y conocimiento de la enfermedad, que le permitan al enfermo tomar sus propias decisiones para el futuro;

2. procurar reducir el impacto emocional negativo que provoca la enfermedad y brindar información realista acerca de sus repercusiones que le permitan entender y alcanzar los objetivos de salud que se le propone;

3. de esa manera aumentar la adhesión al tratamiento médico farmacológico y a los controles periódicos; a los programas de rehabilitación física y su continuidad en el tiempo y a los cambios conductuales (psicoterapia), nutricionales y dietarios, que deberán ser permanentes;

4. promover el *reconocimiento de la necesidad de recibir ayuda;*

5. promover la decisión de cambios profundos en el estilo y calidad de vida;

6. promover la comprensión y apoyo del grupo familiar para lograr cambios en las conductas, status y calidad de vida de todos sus componentes que directa o indirectamente hayan contribuido a desencadenar la enfermedad;

B) La psicoeducación incluye, como se ha descripto, el control de las reacciones negativas, reconocimiento y disminución de los niveles de hostilidad, ansiedad, depresión y aislamiento social, que son factores de riesgo de gran importancia para la recurrencia de la enfermedad; educación para el desarrollo de la Inteligencia Emocional.

C) La psicoterapia más adecuada a sus posibilidades y personalidad, que debe procurar enseñarle a reconocer las creencias y cogniciones que lo llevaron a adoptar una forma de vida tóxica y dotar de herramientas conductuales, estrategias y habilidades adecuadas para interactuar y modificar la influencia de su entorno, reconocer, manejar y expresar adecuadamente sus emociones, disminuyendo las respuestas ansioso-depresivas y las reacciones de estrés frente a una permanente valoración inadecuada de sus circunstancias vitales.

D) La enseñanza de técnicas de manejo del estrés y de la hostilidad, para pasar a ser de un sujeto pasivo (paciente) sin control sobre su vida, a un sujeto activo que puede controlarla y modificarla.

Capítulo XVI
El estrés de las fiestas de fin de año

- ¿Cómo evitar el agotamiento físico, mental y económico que, generalmente, implican las Fiestas de Fin de Año?

- Me gusta lo que dice Angélica Paredes, directora de la Escuela de Psicología de la Universidad Central de Chile: "Cuando hay problemas económicos, un simple saludo o regalo simbólico puede ser un factor de alivio y unión para la familia". Naturalmente que esto choca con los hábitos culturales de la sociedad del hiperconsumo. Por lo tanto depende de los valores con que eduquemos a nuestros niños.

También debemos tener en cuenta no solo el hecho de que puede no ser posible comprar algún regalo sino que en algunos casos puede que no haya nadie a quién podamos comprárselo.

- ¿Las Fiestas de Fin de Año pueden provocar estrés?

- Coincido en que factores menores como la organización de las fiestas, el lugar, la decisión de con quién nos juntaremos, las obligaciones de compartir con una u otra familia; lo que se come y bebe de más; junto a la locura de la gente al momento de hacer las compras, el mal humor y la alteración en las calles, gritos, empujones, bocinazos e insultos aumentan el nivel de estrés psicosocial en el que vivimos.

En el hemisferio norte, luego de dos semanas de vacaciones (como las nuestras de julio) el trabajo sigue, pero acá interpretamos que al acabarse el año se termina todo un período porque finalizan las clases en los colegios, se rindieron los finales en las universidades, se cierran los ejercicios de las empresas y empiezan las vacaciones de verano. Todo eso afecta, especialmente a personas proclives a hacer balances y que tuvieron determinadas expectativas que al final no se cumplieron del todo tal como las pensaron. Suele ser bastante común que haciendo un balance de lo hecho y de lo pendiente la gente se concentre más en lo negativo que en cualquier logro alcanzado. Así, para muchos las fiestas se convierten en motivos de tristeza, ansiedad y depresión.

Al finalizar el año pueden quedar más en evidencia la soledad, la lejanía de seres queridos, el aislamiento y se tiende a dar demasiada magnitud a los fracasos.

Es sabido que la soledad aumenta la angustia de los que están o se sienten solos/as, más si se han vivido episodios complejos durante el año, como duelos, emigraciones o rupturas matrimoniales.

Y esto contrasta con la atmósfera artificialmente festiva que inunda los escaparates de vidrieras, catálogos de ofertas de venta, publicidad de todo tipo, etc. Además de la pérdida real y concreta de sentido religioso o espiritual que tuvieron estas fechas en su origen.

Las imágenes que muestran las publicidades en general son de familias felices alrededor de la mesa y cada vez más esto no resulta siempre posible, no solo para los sectores carenciados sino porque el núcleo familiar va decreciendo o cambiando con el correr de los años.

Se han efectuado interesantes estudios sobre este tema como el publicado por Robert A. Kloner et al. en la prestigiosa revista Circulation (2004;110;3744-3745) The "Merry Christmas Coronary and Happy New Year Heart Attack", en el que examinaron lo ocurrido en Los Angeles County (EEUU) entre 1987 y 1999, encontrando un incremento de consultas a servicios de emergencia y de mortalidad en esas fechas por causas cardio y cerebrovasculares; (además de lo muy conocido en accidentología). También se han reportado mayores índices de suicidios.

David Phillipsa, Gwendolyn E. Barkerb and Kimberly M. Brewera del Center for Health Sciences, School of Public Health, University of California at Los Angeles, publicaron un trabajo en la Revista Social Science & Medicine, (Volume 71, Issue 8, October

2010, Pages 1463-147-) en el que se examinaron los documentos de la United States Official U.S. Death Certificates, en un período de 15 años, entre 1979–2004, donde constataron un importante incremento de consultas a servicios de emergencia y decesos en las dos semanas que comprenden las fiestas de fin de año.

Los estudios con estadísticas confiables son del hemisferio norte y por eso se ha dado en llamar a estas situaciones como "muerte blanca", ligándolos al clima frío y la nieve. Entre ellos sobresale también el trabajo de Phillips DP, Jarvinen JR, Abramson IS, Phillips RR. "Cardiac mortality is higher around Christmas and New Year's than at any other time: the holidays as a risk factor for death", también publicado en Circulation. (2004; 110:3781–3788).

Los posibles mecanismos para la mayor frecuencia de ataques coronarios en los días de Navidad y año nuevo serían, según estos autores:

1. Mayor estrés emocional.

2. Demora en la búsqueda de atención médica.

3. Reducción de los niveles de dotación de personal sanitario o menos miembros del personal que estén preparados para atención de este tipo de emergencias.

4. Incremento de la ingesta de alimentos, sal, grasas, alcohol, etc.

Y señalan otros que son propios del hemisferio norte (frío, días más oscuros, calefacción, aumento de problemas respiratorios).

No obstante el estudio de Kloner es significativo porque en la zona de California donde lo efectuaron no hay demasiados extremos climáticos.

En Argentina se conoce que en esos días aumentan las consultas y llamados a los servicios de emergencia por estas causas, pero no hay estudios estadísticos.

- Cinco consejos para pasarla bien.

- 1. No esté solo, reúnase con la o las personas con quien se sienta bien, sean familiares o no. Eventualmente, anímese a concurrir a lugares especiales para personas solas.

2. Viva las fiestas con sencillez e intimidad, disfrute los mo-

mentos de estar junto a quien o quienes esté ligado afectivamente. Utilice Internet y los otros medios tecnológicos para conectarse con sus vínculos queridos que puedan estar lejos; recuerde que la nostalgia es un hecho normal y de rienda suelta a su emocionalidad sin tapujos.

3. No le importe la cantidad o calidad de los regalos. El mejor es el afecto expresado en una mirada, una caricia, un abrazo…

4. Recuerde que en toda la historia de la humanidad, estas festividades se interpretaron siempre desde lo espiritual como un renacer, un nuevo comienzo.

5. Ayude a otros, sea solidario y se sentirá más gratificado que con cualquier regalo.

Capítulo XVII

Acerca de la Psiconeurobiología del Amor

- ¿Existe relación entre el amor y el estrés?

- Vamos a responder con respecto esencialmente al amor de pareja. Solo tangencialmente mencionaremos al amor maternal, el amor con sentido religioso y otras formas de amor.

El amor y el estrés están muy ligados. El ser humano debió adaptarse al amor en la pareja, a partir de un comportamiento instintivo puramente reproductivo. *Simplemente, el amor apareció.* Aún hoy, cuesta esta adaptación emocional a un impulso que no se puede controlar, costo que en muchos casos se acumula como carga alostática y sobrepasa los beneficios del estrés normal puramente adaptativo.

El amor como toda emoción, en realidad no es en sí mismo ni bueno ni malo: depende de su magnitud. En su justa medida es seguramente una de las emociones más sublimes; pero en exceso o defecto, seguramente se irá convirtiendo en un calvario, para quien lo sufre y para quien lo recibe.

- El amor, ¿produce cambios en el organismo?

- Algunas modificaciones tangibles que se producen en nuestro organismo "mente cuerpo" por esa indescifrable emoción o impulso, han sido publicados en interesante trabajos de la Dra. Donatella Marazziti y la antropóloga Helen Fisher.

En la revista New Scientist, número 2446 se publican los resultados de la investigación de Donatella Marazziti, de la Universidad de Pisa dónde se observa que en *los recién enamorados se reducen las diferencias hormonales entre sexos,* el nivel de *testosterona* disminuye fuertemente en el hombre enamorado, mientras que el de esta misma hormona crece en su compañera. Es decir, que durante la fase turbulenta del enamoramiento reciente entre parejas heterosexuales los hombres se hacen menos masculinos y las mujeres se parecen más a ellos.

Sería un cambio natural que tiende a eliminar las diferencias entre hombres y mujeres, para de este modo hacer más fácil y profundo el encuentro. "Es como si la naturaleza quisiera eliminar lo que pueda ser diferente entre el hombre y la mujer, porque lo más importante es sobrevivir y formar pareja en esa etapa", dice Marazzati.

También se demostró que durante los seis primeros meses de relación de pareja, el *nivel del cortisol*, había aumentado de forma notable, tanto en hombres como en mujeres. Todos sabemos que el enamoramiento provoca estrés; sobre todo la primera vez que enfrentamos esta emoción esperada pero desconocida. También provoca estrés el no enamorarse nunca y mucho peor el no ser correspondido.

En 1999 Marazziti ya había constatado que en los enamorados caen los niveles de *serotonina* (un neurotransmisor con efecto calmante) muy por debajo de lo normal, dando base científica a la "locura de amor". De hecho, este bajo nivel de serotonina también se da en personas con trastorno obsesivo-compulsivo (TOC).

Por eso se dice que la etapa del enamoramiento se vive como un trastorno obsesivo compulsivo. Unos y otros pierden la cabeza, aunque por causas bien diferentes. Lo cierto es que con buenas bases biológicas todo esto ha dado lugar a que se diga que el enamoramiento es una "locura temporal" y que produce diversos grados de estrés.

- ¿Por qué se producen estos cambios biológicos?
- Estos procesos podrían ser consecuencia de fenómenos aparentemente ligados al instinto evolutivo, puesto que no sería muy diferente a la secuencia de otras especies y de manera similar a ellas y las plantas, los *receptores olfativos* del ser humano recibirían diferentes feromonas, que traen el mensaje de la persona adecuada,

lo que comienza a inquietarnos en un *proceso que no registramos racionalmente, es inconsciente,* pero que nos obliga a buscar el origen de la perturbación.

Por esta u otras razones, los ojos chocan con la persona indicada y podemos quedar fascinados por alguien en fracciones de segundos, incluso antes de tomar plena conciencia de su existencia. La sensación emocional se produciría millonésimas de segundo antes de que se haya construido la imagen de la impresión visual en las áreas cerebrales correspondientes.

Inmediatamente se produce una sustancia en el SNC, la feniletilamina (FEA), que actuaría como iniciadora de un proceso neuroquímico que puede dividirse en dos fases sucesivas: atracción y enamoramiento. La FEA es una sustancia derivada del aminoácido fenilalanina y se la considera un neuromodulador *catecolaminérgico* que activa la producción de dopamina y contribuye a desencadenar el mecanismo simpático. Su estructura química es muy similar a la alfa metil anfetamina y es inactivado por una enzima MAO-B

Juntamente con ello se activa el mecanismo simpático del estrés con producción de Adrenalina y NA, es decir que se desencadena la cascada del sistema de estrés.

La FEA desencadenará la secreción de dopamina en el SNC, que activa el circuito de la recompensa y se alterarán los niveles de serotonina, dando paso al enamoramiento. Ya vimos cómo estos procesos ocurren en consonancia con alteraciones hormonales.

La secreción de NA fijaría en el hipocampo las imágenes de ese encuentro con tanta fuerza, que puede ser recordado mucho tiempo después, aunque luego la pareja no se haya consolidado.

Todos estos fenómenos son particularmente activos en el amor con componente erótico y el erotismo es un patrimonio evolutivo biológico del ser humano, aunque como tantas otras cosas, descubierto culturalmente.

En los animales el comportamiento erótico es de tipo ritual y esterotipado, siempre igual. El macho responde en general a la percepción de feromonas y otras formas de aviso del período de celo de la hembra, con respuestas previsibles, únicamente en pos de la reproducción.

En cambio, la elaboración de fantasías eróticas es privativa del ser humano sin necesidad de que estén ligadas al mandato reproductivo de la especie.

- ¿Cuánto duran estas alteraciones de la química cerebral?
- Una vez pasada esa primera fase intensa, donde las diferencias entre los sexos disminuyen considerablemente, todo tiende a volver a su cauce. Así, en los estudios realizados *al cabo de un año*, Marazziti comprobó que todos los niveles hormonales se habían normalizado.

Entre tanto, seguramente la testosterona aumentará cuando se deja paso a la pasión. En muchos casos la repuesta pasional se produce antes del enamoramiento y en otros después.

- Los mecanismos cerebrales que se activan cuando estamos enamorados, ¿son iguales en ambos sexos? ¿Por qué seguimos amando a pesar de haber sido rechazados?
- La antropóloga Helen Fisher, profesora del Departamento de Investigación de la Rutgers University de New Jersey (EEUU), sostiene que algunos de los mecanismos descriptos son iguales en hombres y mujeres, involucrando el núcleo caudado y el área tegmental ventral. Sin embargo, *existen diferencias*. "En hombres hemos encontrado más actividad en parte del *lóbulo superior, que se asocia con la integración de los estímulos visuales*, mientras que en las *mujeres, las áreas* que entran en juego se relacionan con la *memoria y los recuerdos*".

Fisher, identifica en el cerebro humano tres aspectos del amor: *lujuria, enamoramiento y unión (apego)*.

La lujuria -deseo sexual- es producto de la *testosterona*.

El enamoramiento, se atribuye en parte a los bajos niveles de *serotonina*, un neurotransmisor cerebral que se relaciona con la sensación de bienestar *y al aumento de dopamina, el neurotransmisor de la recompensa*.

La *unión* más permanente *o apego* llega cuando el amor se consolida, el vínculo y la atracción que evolucionan hacia una relación calmada, duradera y segura tienen que ver con la *oxitocina* y podemos agregar, la certeza de la fidelidad a la *vasopresina*.

Según esta teoría de Helen Fisher, existen tres sistemas cerebrales relacionados con el amor que interactúan entre sí:

- el impulso sexual,
- el amor romántico y
- el cariño o apego tras una larga relación.

A partir de esta premisa, realizó una investigación con un grupo de 32 personas que declaraban estar enamoradas a las que se les hizo escaneo cerebral por resonancia magnética para ver qué activaciones se producían en el cerebro; 17 de ellas decían ser correspondidas y 15 habían sido rechazadas. *Entre las que estaban enamoradas hallaron actividad en la zona tegmental ventral del hipotálamo, que produce dopamina, y en el núcleo caudado.* Ambas zonas forman parte del *sistema básico de recompensa*, que se asocia con la *motivación* por conseguir determinados objetivos.

El área de la zona tegmental ventral en la que encontramos actividad es la misma que se activa cuando la persona experimenta con la cocaína. Esto indicaría que "el amor romántico no es una emoción, sino que es un impulso, una necesidad fisiológica del ser humano", que por lo tanto es buscada a lo largo de la vida.

Entre las quince personas que habían sido *rechazadas* encontraron actividad cerebral en otras áreas del mismo sistema de recompensa:

- en parte del *núcleo accumbens*, que se relaciona con las *conductas adictivas* (como al juego, tabaco, comidas, etc.);
- en *la* corteza insular, *que se asocia con las percepción del dolor físico,* y
- en la *corteza órbito-frontal lateral, relacionada con los pensamientos obsesivos.*

Esto explicaría por qué algunas personas siguen enamoradas a pesar de haber sido rechazadas ya que estas áreas siguen perteneciendo al sistema de recompensa, que en estos casos se seguiría buscando. A pesar de no recibir lo que uno quiere la dopamina sigue activando esas zonas.

De esta manera se comienza a comprender el mecanismo neurobiológico de los celos y de ciertos comportamientos obsesivos.

Además, ha añadido que las actividades cerebrales que se producen cuando se está enamorado *sólo sucederían una vez en la relación de pareja*, pues "a lo largo del tiempo el amor se va convirtiendo en cariño y apego".

Las áreas del Sistema Nervioso Central, involucradas son las células del *área ventral (tegmental) segmentaría* hipotalámica, ubicada cerca de la base del cerebro, tienen *proyecciones* a las regiones frontales cerebrales, corteza frontal, núcleo accumbens, siendo sus neurotransmisores la serotonina y esencialmente la dopamina, que es el neurotransmisor motivacional y del sistema de recompensa que se libera según el estímulo. Las hormonas relacionadas con la fisiología del estrés como la oxitocina, cortisol, VP, actúan en el SNC a nivel del eje hipotalámico –límbico- olfatorio, zona que se relaciona tanto con la saciedad como con el sexo.

- ¿Por qué se dice que el amor es "ciego"?

- El enamoramiento provoca cambios que impiden ver los defectos de la pareja. Algo parecido les pasa a las madres con sus bebés.

Helen Fisher ha procurado explicar por qué se dice que el amor es ciego. "Cuando estamos enamorados así como vimos las áreas que se activan, hay un área del cerebro que se desactiva, una parte de la amígdala cerebral, que se relaciona con el miedo. Por eso no vemos los aspectos que no nos gustan y solo aceptamos el resto".

Con estudios con resonancia magnética funcional, se corroboró que cuando las personas estudiadas veían fotos de sus seres amados se activaban las áreas que pertenecían al sistema de recompensa cerebral, mediadas por dopamina y *que contienen una alta densidad de receptores para las hormonas oxitocina y vasopresina.* Dichas hormonas son producidas "durante los placeres táctiles del acoplamiento", según afirma un estudio.

Por otra parte, el neurobiólogo británico Semir Zeki, en relación al amor romántico, observó una activación de la corteza cingulada anterior, de la corteza prefrontal derecha y la corteza temporal de los dos hemisferios. Esto explicaría, por qué el "amor es ciego" dado que paralelamente a esa activación, se *desactivarán los circuitos cerebrales responsables de las emociones negativas* (la amígdala, que como vimos está estrechamente relacionada con el miedo) y *de la evaluación social,* por lo que se inhibirían las emociones negativas, afectándose el circuito neural involucrado en realizar un juicio social sobre otra persona. Eso provocaría que cuando alguien gusta mucho de otro, solo lo juzgue por sus aspectos positivos y "no vea" los negativos.

Interesante es la publicación en New Scientist de otro equipo de investigación, dirigido por Bartel, quienes también corroboraron que cuando la gente contempla a su enamorado, se *suprimen* los circuitos neuronales que normalmente están asociados a la *evaluación crítica* de otras personas.

Ya hemos visto cómo en el estado de enamoramiento, en el comienzo de una relación, hay zonas del cerebro que se activan específicamente, y que neurotransmisores como la dopamina y la serotonina están relacionados con las emociones románticas; mientras que las hormonas oxitocina o vasopresina tendrían que ver con el apego y la fidelidad.

Al enamorarse se activan algunos procesos cerebrales y se segregan sustancias que hacen cambiar al individuo. De hecho, cuando uno se enamora cambia hasta su forma de ser y entre otras cosas, como dice Bartel, se suprimen circuitos que sirven para la evaluación crítica.

Estos cambios también tienen que ver con que *la oxitocina aumenta la confianza,* un factor importante en el desarrollo de una relación amorosa.

En una experiencia de un juego de laboratorio ideada por el neuroeconomista Ernst Fehr, de la Universidad de Zurich (Suiza), casi la mitad de los que tenían el papel de inversores dieron su dinero a un administrador anónimo, sin garantías de que se les devolviera, si aspiraban oxitocina antes de jugar.

Inspirados en este estudio, el equipo de Andreas Meyer-Lindenberg, del Instituto Nacional de Salud Mental, de los Estados Unidos, estudió qué pasaba en los cerebros de los voluntarios que aspiraban la oxitocina. También encontró que la hormona reducía la actividad de una parte del cerebro (amígdala) conectada con el hipotálamo, donde se detecta el temor, y su acción parece ayudar a sobreponerse al "temor social", lo que facilita el unirse a otra persona.

Sin duda, para que el lazo pueda tener lugar, el varón y la mujer deben estar juntos y para muchas personas eso significa pasar por los pros y los contras de enamorarse. Pero en el primer momento del amor romántico parece "incendiarse" el cerebro y perderse muchas de las posibilidades de evaluación objetiva.

Los neurotransmisores son fundamentales. "Enamorarse es una transitoria tormenta de neurotransmisores al servicio de la fusión de la pareja".

Hay que remarcar que cuando se habla del amor, el romántico, los enfoques para abordarlo pueden ser variados. "Las manifestaciones afectivas o emocionales, entre las que están el amor, la alegría, la ira, el miedo, tienen un componente psicológico y otro físico; expresado este último, a través de cambios somáticos y viscerales" (Roberto E. Sica, jefe de la División Neurología del hospital Ramos Mejía). De manera que muchas manifestaciones físicas también pueden evidenciarse en estos casos.

Hemos visto que los mismos patrones neuronales implicados en la formación de relaciones románticas están implicados en la adicción a las drogas. El proceso cerebral de emparejarse con otra persona podría ser similar al de convertirse en adicto a las drogas puesto que: *ambos activan los circuitos del sistema de recompensa del cerebro.*

Esto impide descubrir defectos en el enamorado, y presta más soporte científico al dicho popular "el amor es ciego".

Pero, en la ciencia del amor también se observa que existe una respuesta natural que obedece algunas reglas instintivas como las feromonas y otras estéticas, indicadas por el cerebro en relación a aquello que mejor nos impresiona al primer golpe de vista. O quizá sigamos pensando así porque preferimos seguir viendo al amor como espontáneamente poético, incidental y sin control. Lo cierto es que no todo debe ser hormonal o debido a una buena interacción entre neurotransmisores. En el amor, se sabe, hay otros misteriosos ingredientes.

- La promiscuidad, ¿tiene algo que ver con el estrés?

- Con respecto a la fidelidad y la promiscuidad son interesantes los hallazgos de investigadores del Centro Nacional de Investigación de Primates "Yerkes" de la Universidad de Emory y del Centro de Neurociencia Conductual de Atlanta (BNC), que han logrado, *transfiriendo un gen en el sistema de recompensa cerebral*, convertir el comportamiento promiscuo de un macho de ratón del campo en otro monógamo.

Este descubrimiento, publicado el 17 de junio /06 en la revista *Nature*, podría ayudar a entender mejor la neurobiología subyacente en el amor romántico.

Richard Dawkins, que fue profesor de Zoología en la Universidad de California en Berkeley, y luego titular de la cátedra de Comprensión de la Ciencia en la Universidad de Oxford, autor entre otros libros de *El gen egoísta* y *El fenotipo extendido* y Jared Diamond, geógrafo, biólogo y ornitólogo que examinó la evolución y la sexualidad humana incorporando puntos de vista de la antropología, biología evolutiva, genética, ecología y lingüística y escribió *¿Por qué es divertido el sexo?* o *El tercer chimpancé*, son expertos en biología evolutiva y etología y exponen en sus libros y artículos científicos innumerables ejemplos de comportamiento animal, tanto monógamo como polígamo.

Tanto estos expertos como otros han tratado de ver en los comportamientos animales una tendencia a perpetuar su especie y conocer cómo los genes, es decir, los mecanismos biológicos básicos, determinan este comportamiento.

En el experimento de la Universidad de Emory se estudiaron las diferencias en los niveles del *receptor de la vasopresina* entre los ratones del monte o pradera, con otros de la campiña que explican sus diferentes comportamientos a la hora de aparearse.

Estudios previos de ratones del monte o pradera (Microtus ochrogaster), machos, monógamos, que forman relaciones sociales o parejas con una sola compañera de larga duración, revelaron que los cerebros de los animales contenían *altos niveles de receptores de vasopresina en una de las principales regiones del cerebro relacionadas con la recompensa, el área tegmental ventral.* Entre las especies comparativas de ratones, el ratón de campiña *promiscuo* (Microtus pennsylvanicus), que se emparejaba frecuentemente con diferentes parejas, tenía *poca cantidad de receptores de vasopresina en esta área.*

Los científicos usaron un virus no dañino para transferir el gen receptor de la vasopresina de ratones de pradera en el área tegmental ventral de ratones de campiña, lo que aumentó el número de los receptores de la vasopresina en estos últimos hasta los niveles de los ratones de pradera.

Como los ratones del monte o pradera, los anteriormente promiscuos ratones de campiña experimentaron una fuerte preferencia hacia sus actuales parejas en lugar de hacia nuevas hembras.

Este descubrimiento corrobora, además, investigaciones previas que relacionan la formación de relaciones sociales con la adicción a las drogas, también asociadas con el sistema de recompensa cerebral.

Tom Insel ha demostrado que un determinado estímulo externo provoca un aumento en el número de receptores para oxitocina y para vasopresina en sitios límbicos (el lugar del cerebro más vinculado a la emocionalidad), los cuales se activan al liberarse la hormona correspondiente, lo que conferiría un valor de refuerzo selectivo en una pareja o, dicho en lenguaje poético, producirá el enamoramiento.

De nuevo trabajaron con los ratones de pradera que viven en pareja, son monógamos y ambos cuidan de la cría, no así en los ratones de campiña en que el macho es polígamo y la hembra no cuida a sus crías. Los trabajos de Insel revelaron una gran diferencia en la *distribución de los receptores* moleculares en el cerebro de ambos tipos de ratones pero no en la magnitud de secreción (expresión) de las dos hormonas.

El grupo de Insel también logró transformar la conducta de los ratones por manipulación genética en el laboratorio.

El estrés provoca numerosas alteraciones en los niveles de producción y mantenimiento de diversas hormonas y neurotransmisores.

La vasopresina (u hormona antidiurética) es una hormona hipofisaria cuya secreción aumenta durante las situaciones de estrés pero no se conoce qué sucede en tales estados con sus receptores a nivel cerebral. Si siguen el mismo comportamiento de los receptores al cortisol que se desensibilizan y disminuyen su funcionalidad en el estrés prolongado, podrían explicar algunos cambios en la conducta sexual de personas sometidas a estrés prolongado. Las alteraciones de la dopamina pueden ayudar a explicar las conductas adictivas relacionadas con la ansiedad y el estrés prolongados que incrementan desde la ingesta alimenticia, a aumento de tabaquismo, alcoholismo, consumo de drogas peligrosas, sexualidad, etc., como mecanismos de búsqueda de recompensa y placer.

Quizá la evolución natural y cultural del ser humano, fuertemente influida desde las religiones, lleve a que se modulen epigenéticamente sus genes hacia la fidelidad.

Algunos científicos creen que no se llegará a ser como los pingüinos, que son monógamos aún post mortem de la pareja, o los cisnes de cuello negro; pero sí como algunas especies de primates que son monógamos mientras dura la relación de pareja, pero que pueden tener parejas sucesivas. Entre nosotros parecería que la tendencia cultural sería esta última.

Esta tendencia cultural indudablemente está influida por conceptos religiosos. Es así que en los países anglosajones socio-culturalmente se admite mucho menos la infidelidad que el divorcio; en cambio Italia sería la sociedad donde habría mayor infidelidad y menos divorcios, todo "culturalmente" aceptado, al menos hasta la década del noventa. Cómo en tantos otros casos, no hay estadísticas confiables en nuestro país, pero las comparaciones son obvias.

Este ejemplo de *participación de la modulación ambiental y cultural de los genes* en el comportamiento, así cómo los experimentos transgénicos antes relatados, transpolados a los humanos, contribuyen a la aproximación al conocimiento de la neurobiología del amor.

El amor romántico y el maternal compartirían circuitos neuroquímicos. Pero solo el romántico incluye la activación de las areas del hipotálamo donde se induce la producción de testosterona.

La sensualidad, la parte sexual del amor, está conectada con el amor romántico, pero no con el maternal.

Sin embargo se sabe que en el orgasmo femenino se segrega gran cantidad de prolactina y puede haber secreción mamaria. Los perinatólogos deben instruir a las madres que amamantan que no es anormal sentir cierta forma de placer "sensual" en el acto del amamantamiento, donde naturalmente predomina la acción de la oxitocina. Es que las vías de señalamiento están muy interconectadas.

Al final de la preñez, altos niveles de estrógeno aumentan el número de receptores de esa hormona en algunas partes del cerebro. El instinto maternal en ratas se despierta durante el alumbramiento, el trabajo de parto dispara la liberación de oxitocina y cuando la hormona llega a los receptores produce en la madre una adicción a sus pequeños y a su particular olor.

Cada vez que la madre huela a sus hijos, es posible que sienta la sensación de inminente recompensa parecida a la de un adicto al pensar en la droga.

- ¿Hay experiencias de lo que pasa en circunstancias de estrés intenso; es decir, en situaciones límite?

- Es impresionante la experiencia de las regiones de África asoladas por guerras genocidas, donde abuelas de avanzada edad que quedaron a cargo de bebés, por asesinatos de sus padres, en esos terribles éxodos a que fueron sometidos los sobrevivientes en medio de grandes hambrunas, comenzaron a producir leche en sus magros senos para alimentar a esos niños y mantenerlos vivos. Esto requiere la secreción de prolactina por la glándula hipófisis. Quizá una de las mayores evidencias del poder del amor entremezclado con el instinto de conservación.

- ¿Estos comportamientos se dan en países desarrollados?

- En uno de sus últimos trabajos, Fisher ha estudiado 58 culturas de todo el mundo, comprobando que en todos los lugares las pautas de las relaciones amorosas eran similares. El estudio constató que las mujeres tendían a tener hijos cada cuatro años y que el momento en que una pareja tiene mayores probabilidades de divorciarse se ubica en el cuarto año de relación. Así elaboró la teoría del ciclo reproductor de 4 años; Fisher cree que este ciclo es el remanente de la temporada de reproducción de nuestros ancestros ya que considera que es el tiempo en que un hombre y una mujer deben permanecer juntos al menos hasta que su hijo camine y se destete y para que pueda ser cuidado por otros.

Esto habla de que las relaciones más duraderas serían producto de la evolución cultural de la civilización.

- ¿Qué sucede con otras formas de amor?

- Ud. seguramente se refiere a otras formas de amor como el religioso o espiritual, por Dios y por la humanidad. El amor que se siente por los marginados y hasta por los enemigos es fundamental en el mensaje espiritual de todas las religiones. El budismo, aun no siendo una religión, es una de las filosofías que incluye prácticas de meditación para desarrollar estos sentimientos.

Al buscar correlación entre este amor espiritual más amplio y los cambios en el cerebro no es entonces sorprendente que los científicos se hayan dirigido a los monjes budistas tibetanos, que practican la meditación relacionada con la *compasión amorosa*. Ellos consideran que llegar a sentir compasión es el máximo sentimiento que se puede lograr. Pero se refieren al sentimiento de *acompasar* con el otro; tiene que ver con la empatía, con el acompañamiento emocional, con sentir junto al otro acompañándolo y de ninguna manera con sentir lástima o conmiseración.

Los primeros resultados mostraron que los monjes tibetanos tienen una actividad cerebral inusual cuando meditan en la compasión amorosa. Richard Davidson, Director del Laboratorio de Neurociencia Afectiva de la Universidad de Wisconsin-Madison, encontró niveles excepcionalmente altos de actividad eléctrica integrada durante la meditación, especialmente en la corteza prefrontal derecha; también muchos experimentos han demostrado que esas áreas prefrontales de la corteza son las mismas que se activan cuando una madre observa la foto de su hijo. Davidson es uno de los neurocientíficos más cercanos al Dalai Lama.

Por supuesto que lo que hoy se puede evidenciar por estos métodos de escaneo cerebral revela solo una muy pequeña parte de lo que realmente ocurre a nivel molecular o nanomolecular.

Estos son solo los primeros pequeños pasos en buscar las raíces del amor, que sería *"una sola realidad, pero con diferentes dimensiones".*

- El deseo sexual, ¿se activa o, por el contrario, se inhibe en situación de estrés prolongado?

- Todas las respuestas que estoy dando procuran dejar de lado aspectos de suma importancia ligados a la cultura, las creencias, la espiritualidad e incluso la emocionalidad, enfocándolas más desde lo biológico, por lo tanto incompletas. El ser humano en su infinita complejidad adopta conductas individuales donde se conjugan todos esos factores y quizá otros más

Es común que en personas sometidas a un intenso estrés agudo se altere la conducta sexual en un sentido inhibitorio. En momentos de catástrofes, bombardeos o situaciones similares, no existe el menor interés en la sexualidad.

Pero no es lo mismo cuando se viven situaciones que provocan un estado de estrés prolongado. Las conductas sexuales pueden variar en esos casos entre la hipersexualidad hasta la pérdida total de la libido.

Cuando el ser humano está sometido a situaciones de estrés prolongado, en la segunda fase o de resistencia del mecanismo de estrés, están permanentemente aumentadas la secreción de las hormonas CRH hipotalámica y VP (Vasopresina o ADH) hipofisaria, que se potencian mutuamente. Según predomine una u otra habrá comportamientos conductuales distintos.

Si el predominio es CRH habrá más manifestaciones de ansiedad y depresión, además del estímulo constante sobre el eje neuroendócrino, hipotálamo-hipofiso-suprarrenal y tiroideo.

Si predomina la secreción de VP las manifestaciones serán más relacionadas con agresividad y hostilidad, lo que se da más en hombres (parece ser que también en mujeres lesbianas) porque se necesita mayor respuesta de testosterona, junto con mayor respuesta hipertensiva.

En estos casos se podrían encontrar conductas hipersexuales casi adictivas. En algunos casos muy exacerbados, como sucedía en las guerras de conquistas, se llegaba hasta conductas violatorias en personas que en condiciones normales no las tenían.

Es probable que este comportamiento agresivo y hostil, tenga relación con el desarrollo de mayor cantidad de receptores de VP y testosterona en otras áreas cerebrales, que induzcan a promiscuidad e hipersexualidad ligada a búsquedas insatisfechas de recompensa en relación al esfuerzo realizado.

Esto también se observa en algunos tipos de respuesta al estrés crónico, como por ejemplo en el *burnout*, donde es muy común que quien lo padece encuentre una gran desproporción entre el trabajo realizado y su reconocimiento (o recompensa) y en algún momento de su evolución pueda adoptar conductas hipersexuales.

Ambas hormonas, CRH y Vasopresina potencian sus acciones mutuamente. Vimos que la VP tiene más relación con conductas de agresividad y hostilidad en el mecanismo del estrés en proporción al *pool* de testosterona, naturalmente mayor en el hombre. Esto explicaría el predominio de ciertas conductas ante el estrés según el género, y la aparición de hipersexualidad en ciertas condiciones, como mecanismo adictivo.

En cambio, en un estrés normal, tal como sucede en el enamoramiento, hemos visto que estas hormonas sirven para fijar comportamientos positivos. La mayor disponibilidad de receptores a VP en determinadas áreas de los sistemas de recompensa, parecen estar relacionados, como ya vimos, con la fidelidad. Pero, cuando el estrés se sostiene (fase de resistencia y de agotamiento) en aquellas personas con predominio de producción de VP por sobre el CRH, primero puede desencadenarse un mecanismo de desensibilización, de *down regulation* de los receptores "de la fidelidad" y luego la activación de receptores en otras áreas del cerebro, tal como se postula en las experiencias que intentan explicar la promiscuidad, la poligamia y la hipersexualidad.

Por otra parte, también se ha postulado que la tendencia masculina a la poligamia tendría una raíz cultural asentada en la necesidad de mantenimiento de la especie, en función de la menor cantidad de hombres que habría sido casi constante en la antigüedad, puesto que morían proporcionalmente más por las luchas tribales, el enfrentamiento a los animales depredadores y luego por las guerras. Tal conducta cultural se habría fijado filogénicamente.

O sea que la naturaleza habría hecho por su cuenta un experimento transgénico parecido al de los ratones que vimos anteriormente y que ahora podría comenzar a revertirse por las influencias culturales.

- El paso del tiempo en una relación de pareja, ¿influye sobre las hormonas del amor?

- Desde los experimentos de Fisher se reconoce que las turbulencias de las primeras etapas dejan luego paso a lo que denominamos el "apego".

La oxitocina sería la hormona responsable de que la atracción inicial dé paso a un vínculo de amor duradero. También las investigaciones de Gareth Leng, del Centro de Fisiología Integrativa de la Universidad de Edimburgo, coinciden que esta hormona ayuda a forjar lazos permanentes entre amantes tras la primera oleada de emoción.

La oxitocina está involucrada en muchos aspectos del amor, desde el maternal hasta este hecho de que según su nivel algunos logren permanecer felices por décadas con la misma pareja, o que otros sean incapaces de forjar una relación duradera. Varias investigaciones han descubierto que la hormona, que es producida en grandes cantidades por el cerebro durante el parto, la lactancia y cuando hay actividad sexual, es importante para incitar el comportamiento maternal en los animales.

Se ha demostrado que las neuronas oxitocinérgicas no solo secretan este péptido al torrente sanguíneo, sino que también lo contienen y liberan en las terminales sinápticas, lo que significa que, además de funcionar como una hormona, lo hace también como un neurotransmisor.

Partiendo del razonamiento de que durante el parto se produce una liberación masiva de oxitocina, se ha propuesto que esta hormona además de liberarse en el torrente sanguíneo, podría también secretarse dentro del cerebro, lo que estaría relacionado con el inicio de la conducta maternal.

Experimentos hechos con ratas de laboratorio lo confirmaron. Cuando las ratas no están embarazadas ni lactando, rechazan a las crías, tanto que incluso se las comen. La hembra tiene que pasar por el período de gestación para que esta conducta cambie, de tal manera que antes del parto, si se le acercan crías, puede llegar a aceptarlos. La oxitocina provocó el mismo efecto en solo una hora después de su administración en los ventrículos cerebrales de ratas vírgenes. Las ratas que una hora antes eran caníbales, se transformaron en madres amorosas por la acción de la hormona.

Ya hemos hablado de los trabajos de Insel, que revelaron una gran diferencia en la distribución de los receptores moleculares en el cerebro pero no en la expresión de las hormonas vasopresina y ocitocina.

Son, pues, los receptores moleculares los responsables de la estimulación de las neuronas en respuesta a las hormonas.

Varias experiencias han demostrado que el contacto físico, las caricias, el abrazo protector o contenedor, el "acurrucarse" de la pareja uno contra otro, libera gran cantidad de oxitocina y de endorfinas.

De esa manera los circuitos psiconeurobiológicos van activándose ante el hecho emocional del deseo de permanecer juntos; así se constituye una nueva forma de erotismo en la pareja, con menos testosterona y más oxitocina. De esta manera se siguen liberando endorfinas y se activan los circuitos de la recompensa.

- ¿La relación de pareja puede provocar estrés?

- El término "pareja" viene de "par"; constituido por dos partes que deben ser completas. Una pareja no está conformada por "dos medias naranjas", sino por dos personalidades enteras y completas que van a interactuar desde el lugar propio de cada uno, en un adecuado balance entre autonomía y libertad, manteniendo dentro de los límites de su propio espacio la dosis necesaria de individualismo que permita continuar diferenciándose del otro, madurando y creciendo sin temores, sin resignar el desarrollo de sus propias capacidades por comodidad o para tener una pseudo sensación de seguridad.

Sin duda que la autonomía trae conflictos en la pareja, reclamos para que se brinde más uno hacia el otro, que se resignen ambiciones personales, etc., que aumentan en tanto haya más diferencias.

Pero esto muchas veces debe interpretarse como un signo de mayor libertad y debe servir para que cada uno busque su propia perfección y equilibrio emocional.

Hay que recordar que los mecanismos del estrés están puestos en nuestro organismo precisamente para poder resolver los conflictos. No hay vida sin conflictos.

Las parejas con una vida sin sobresaltos, previsible, aparentemente segura, donde uno es muy dependiente del otro, frecuentemente ven apagar su erotismo y pueden convertirse en aburridas y desapasionadas, porque el erotismo está habitualmente ligado a lo imprevisible, a la sorpresa; está ligado más al "querer" que al "amar".

En tanto querer es querer para sí, priorizar el sentido de posesión, poseer. En cambio "amar" tiene un significado más cercano a "dar", darse uno mismo, desposeer, sacrificarse con tal que otro sea feliz.

Se ha comprobado en experiencias con parejas estables que conviven desde hace muchos años que aproximadamente la mitad lo hacen por cuestiones convencionales, sociales, económicas, etc., sin experimentar ningún contacto físico. Sin duda, con toda seguridad estas últimas son mucho más vulnerables a las enfermedades por estrés.

Muchas veces, el necesario "cambio de la calidad de vida" puede empezar con cosas muy simples, desde el punto de vista emocional. Es posible que una predisposición distinta, una redefinición reflexiva sobre los vínculos, pueda desencadenar la multiplicación de receptores cerebrales a las hormonas del apego y fidelidad.

- ¿Existe relación entre la "química" y filosofía del amor?
- El amor es una condición que se ha tratado de explicar desde varios puntos, filosóficos, étnicos, religiosos, sexuales, etc.

Conocemos que el amor es un fenómeno neurobiológico complejo, que además se relaciona con las creencias, el placer y las recompensas.

Este proceso involucra a la oxitocina, vasopresina, dopamina, serotonina y las endorfinas y mecanismos morfinérgicos endógenos, que se unen a las vías de autorregulación con el óxido nítrico y con las citoquinas proinflamatorias originadas en el estrés, todo lo que tiene gran importancia en los mecanismos de mantenimiento del equilibrio y de prevención del envejecimiento cerebral.

Repasaremos algunos de los principales neurotransmisores que actúan.

- Dopamina (DA): ha sido involucrada en varias funciones, entre las cuales se incluyen la *motivación*, el movimiento, la atención, el aprendizaje, los mecanismos del *placer y recompensa*, relacionados también con los efectos de ciertas drogas y otras adicciones.
- Noradrenalina (NA): involucrada en una variedad de fenómenos cognitivos–conductuales tales como el *estado de alerta*, la vigilia, el control del hambre y la conducta sexual. Aumenta desde el comienzo del mecanismo de estrés.
- Serotonina (5HT): relacionada con la *sensación de bienestar*, actúa en el mecanismo del sueño por la proyección que hay desde los núcleos del Rafe al Ponto Geniculado Occipital; también se relaciona con el aprendizaje y la pérdida de su modulación con distimia, *ansiedad, depresión y TOC*.
- Acetilcolina: se la considera un mediador en los procesos de la *memoria* y el aprendizaje en el SNC.
- GABA: neurotransmisor inhibitorio por excelencia y en cuyo Complejo Receptor actúan los principales ansiolíticos como las benzodiacepinas.
- Glutamato: neurotransmisor exitatorio que ha sido relacionado con procesos de aprendizaje y memoria.
- Por otra parte hemos visto que hormonas como testosterona, oxitocina, vasopresina *modulan respuestas emo-*

cionales mediante la mayor o menor expresión de sus receptores cerebrales (lo mismo ocurre para estrógenos, progesterona y muchas otras suastancias que producen los distintos órganos y sistemas).

- ¿Es factible una síntesis entre conceptos filosóficos y neurobiológicos sobre el amor?

- No creo que puedan sintetizarse, solo existen signos comunes y hallazgos neurobiológicos que interrelacionan los distintos conceptos sobre el amor, combinando aspectos fisiológicos relacionados con la maternidad, el romance o el sexo.

Por lo que se ve, para que una persona nos atraiga de tan irresistible manera, se conjugan una serie de factores que tienen que ver con la evolución, la genética, la bioquímica y la neurobiología; todo esto crea en nuestro cerebro un mapa del amor, un molde mental hecho con recuerdos que determina lo que nos excitará y nos llevará a querer o a enamorarnos de alguien especial.

- ¿Considera que el amor es un sentimiento desarrollado evolutivamente en relación a la procreación?

- El amor, como una sensación indescriptible, se refiere a un sentimiento elevado que *une a las personas más allá de la necesidad de procrear* y en la actualidad se considera como única a esta concepción del amor.

- ¿Y desde un punto de vista más filosófico?

- En la historia de la humanidad ha sido difícil conceptualizar al amor, un sentimiento paradójico que es a la vez éxtasis y sufrimiento.

Los filósofos y los poetas no han dejado de generar escritos tratando de acotarlo en palabras. Pero eso es imposible: el amor y la fe, son dos sentimientos universales que no se pueden explicar con palabras. Reproducimos una parte de un interesante artículo de Marcos Aguinis "Freud mismo, ya en 1907, en una reunión de los miércoles —cenáculo en el que polemizaba con los primeros entusiastas de sus teorías—, afirmó: Nuestros tratamientos son tratamientos por el amor.

Más adelante, siendo ya célebre, un visitante le pidió que se refiriera a *sus grandes maestros*. Lo paseó por la abundante biblioteca que forraba las paredes de su departamento Vienés y *se detuvo frente a las obras de famosos literatos, no de científicos*. Uno de ellos era Shakespeare, quien escribió sobre el amor en la mayoría de sus piezas. Esos autores lo habían inspirado y eran los precursores genuinos del psicoanálisis, aseguró. Todos hablaron sobre el amor y sus infinitas manifestaciones".

Freud introdujo la palabra "libido" para designar la energía vinculada con el amor, en una Viena en la que la sola palabra "sexo" se teñía de escándalo cuando pretendía ser introducida en los engreídos templos de la academia.

- ¿Cómo cree que debería estudiarse la relación entre estrés y amor?

- Numerosas investigaciones científicas sobre el tema intentan darle una dimensión bioquímica y realmente se ha descubierto que hay una importante base biológica, por lo que su estudio ha dejado de pertenecer exclusivamente a la antropología y a la psicología.

Existe asimismo una *tendencia genética hacia el amor*: estamos *programados por nuestros genes para amar*, y para despertar en los humanos esa compulsión, los genes utilizan la química cerebral.

El amor es una emoción muy compleja en la que intervienen numerosos tipos de moléculas necesarias para producir los característicos arrebatos sentimentales. Así como nuestros sentidos son la puerta de entrada de todo lo que ocurre fuera de nosotros, en el amor no sabemos muy bien cómo entra y da comienzo a una guerra química, hormonal y eléctrica.

El cambio produce un rápido desequilibrio de nuestro medio interno, se produce una verdadera tormenta de neurotransmisores que es procesada por el sistema de estrés que inmediatamente se activa.

"Sus latidos cardíacos —los de ella— llegaban a 200 pulsaciones por minuto. Mientras tanto, su frecuencia respiratoria —la de él— no bajaba de las 20. Las mejillas —las de los dos— estaban inequívocamente sonrojadas, y el sudor les caía por la piel. Por sobre todo, sus zonas sexuales más activas —el hipocampo, el cíngulo y el resto del sistema límbico— estaban en un pico de actividad. No cabía duda: estaban enamorados", escribió el neurobiólogo Diego Golombek en *Sexo, drogas y biología*.

- ¿Cómo es esa "tormenta" interna?
- Para encontrar a la persona que nos atrae intervienen el sentido de la vista y del olfato, afirmación que se debe al descubrimiento en casi todas las especies de sustancias volátiles llamadas *feromonas* que viajan en el aire sin destruirse.

Los *receptores olfativos* reciben diferentes feromonas, hasta que el aroma de la persona adecuada comienza a inquietarnos en un *proceso que no registramos racionalmente* pero que obliga a buscar el origen de la perturbación. Así los ojos chocan con la persona indicada y se produce el contacto visual, lo que ocasiona una descarga eléctrica que pone al cerebro en una situación de alerta máxima.

Ni hablar si hay contacto de "piel a piel". En una parte anterior vimos como en el principio del desarrollo embrionario la piel y el sistema nervioso eran producto de la misma membrana, el ectodermo. Por ello el tacto es uno de los sentidos más desarrollados y más misteriosos.

Las numerosas especies animales que se comunican sexualmente por medio de estas hormonas aéreas, las feromonas, cuentan con un dispositivo específico para detectarlas: el órgano vomeronasal (OVN) o de Jacobson. El aislamiento de tales sustancias es utilizado por ejemplo para el control de plagas en agricultura. Pero no está claro qué pasa en el hombre, donde se han encontrado, primero, vestigios del OVN y recientemente un equipo de investigadores dirigido por Linda B. Buck, Directora del Centro de Investigación de Cáncer Fred Hutchinson, comunicaron los resultados de sus estudios centrándose en el rastreo de las vías nerviosas que conectan el OVN a neuronas que producen la hormona liberadora de gonadotropina (GnRH, por sus siglas en inglés), que también se conoce como hormona liberadora de hormona luteinizante

(LHRH, por sus siglas en inglés).

Estas neuronas regulan la fisiología sexual -que incluye el inicio de la pubertad, la ovulación y el ciclo menstrual en hembras y la producción de testosterona en machos- al regular la liberación de hormonas de la hipófisis. Es interesante que las neuronas GnRH también parezcan estar involucradas en el control de comportamientos sexuales.

Otros investigadores han demostrado que los axones GnRH se pueden encontrar en muchas áreas distintas del cerebro, lo que concuerda con la idea de que las neuronas GnRH podrían tener funciones adicionales más allá del control de las secreciones de hormonas gonadales por la glándula hipófisis. Esos resultados sugirieron que las neuronas GnRH enviaban señales a otras neuronas que están en áreas del cerebro involucradas en una amplia gama de funciones -por ejemplo, el apetito, la alimentación, la recompensa, la excitación y la transmisión de información- y a otras áreas superiores del cerebro que controlan las funciones cognitivas.

Las neuronas GnRH son integradores principales de información sobre el ambiente externo, así como del estado interno del animal y el estado neuroendocrino para optimizar el éxito reproductivo.

- ¿Hay evidencias sobre la existencia de las feromonas en humanos?

- Parece que sí. La investigadora Ivanka Savic, publicó en el año 2005 interesantes trabajos que postulan dos sustancias químicas aisladas del sudor y orina humanos, en sí mismas inodoras, que son actualmente candidatas a ser reconocidas como feromonas humanas: un derivado de la testosterona, conocido con las siglas AND, y una sustancia parecida al estrógeno femenino, señalado con las siglas EST: la feromona AND se detecta primariamente en el sudor masculino y la feromona EST en la orina femenina.

En una investigación previa, el equipo de Savic había demostrado, utilizando para detectar imágenes de la actividad cerebral en tiempo real, PET, que permite detectar las neuronas en las áreas cerebrales que han sido activadas por estímulos externos, que las dos presuntas feromonas humanas, la AND (masculina) y la EST (femenina), activan el cerebro por una vía y en una localización distinta de como lo hacen las demás sustancias olorosas.

La feromona EST (femenina), mientras que en la mujer activa la región cerebral relacionada con los olores ordinarios, en el hombre activa áreas del hipotálamo que controlan la conducta sexual. La feromona AND (masculina), detectada en el sudor masculino, tiene el efecto contrario: activa el hipotálamo en las mujeres y en los hombres la región cerebral relacionada con los olores ordinarios.

Los dos olores de las feromonas EST (estrogénica) y AND (andrógenica) parecen jugar a un doble juego: desempeñan el papel de un olor ordinario en un sexo y de una feromona (que provoca atracción sexual) en el otro.

- ¿Cómo influyen sobre el cerebro?

- Bien, una vez activado el mecanismo por este u otro estímulo se secretan diversas sustancias. Entre las que destaca una que actuaría como directora: la feniletilamina (FEA). El proceso químico puede dividirse en dos fases neuroquímicas sucesivas: atracción y afecto, o enamoramiento.

En la primera, la FEA orquesta la secreción de sustancias como la dopamina o la norepinefrina, dos "anfetaminas" cerebrales que coadyuvan con la primera para producir desasosiego.

Para evitar este último efecto, existe la posibilidad de que el amor ponga en marcha una segunda fase neuroquímica inmediata. En ella primeramente se producen endorfinas y encefalinas (opiáceos cerebrales), que confieren por un lado afecto hacia la otra persona y en las parejas estables gran seguridad, paz y calma.

Finalmente un péptido llamado del abrazo, la oxitocina, que provoca una necesidad de acercamiento físico. Los afectados no lo saben, pero un día cuando se les acaba la ración de "droga cerebral", por la separación o por muerte de uno de los amigos o amantes, llegan las depresiones, las angustias, el miedo, ocasionando un caos biológico que produce un estado de enfermedad.

- ¿Qué rol juegan los neurotransmisores y las hormonas en este mecanismo?

- Los neurotransmisores como la dopamina y serotonina se relacionan con las emociones románticas y las hormonas oxitocina y vasopresina tienen efecto sobre la afinidad y fidelidad con alguien para quedarse en una relación duradera.

La liberación de dopamina afecta tres puntos de la base del cerebro; el núcleo *accumbens,* el *septum,* la admígdala y también la corteza prefrontal. Estas cuatro áreas juntas activan el hipotálamo como centro de las emociones.

Durante el estímulo las neuronas liberan dopamina y se activan los receptores que provocan los mecanismos del deseo de la recompensa y el placer, activando a su vez otras neuronas. Cuando hay exceso de dopamina liberada al ver al amado, la persona siente una profunda sensación de bienestar y así se cierra el circuito del amor.

Enamorarse es provocar una transitoria tormenta de neurotransmisores para la función monógama en la pareja; el erotismo es el correlato fisiológico del enamoramiento que ocurre en el cerebro y proyecta en el cuerpo con el acto del amor.

Existe un cuarto paso, que sería una fase neurocndócrina conocida para los amantes como la pasión. Esta última puede llevar su tiempo en desatarse, dependiendo de la biología individual y del tipo de educación que se tenga. En esta fase se tienen cambios en la producción de melatonina que participa en la regulación de nuestras etapas de vigilia y sueño; la disminución de serotonina, y el *aumento en la producción de testosterona,* que provoca el impulso sexual.

- ¿Es posible manipular esas reacciones?

- Las personas no pueden enamorarse a voluntad. No pueden voluntariamente hacer que todos estos centros nerviosos, hormonas y neurotransmisores se pongan en funcionamiento. No pueden manejar voluntariamente a sus feromonas ni a la interpretación cerebral de sus impulsos visuales o táctiles.

Esto sucede sin que nos lo propongamos y sigue constituyendo uno de los tantos misterios de la creación.

- La "química" del amor, ¿es interminable?

- Podemos decir que al contrario de lo que comúnmente se piensa, el amor no es eterno. El cuerpo lo sabe, y se agota con el tiempo: se ha calculado que entre las dos fases neuroquímicas y la fase neuroendócrina pueden transcurrir en promedio de cuatro a siete años.

Se ha encontrado en algunos animales un péptido conocido como señal de la fidelidad, que les permite vivir toda su vida en pareja, como los cisnes de cuello negro.

De cualquier manera, una vez que se rompe el encanto y ante el hecho fisiológico de que el amor se puede acabar, no significa que se deba "morir de amor" y aun con el caos que esto puede ocasionar, la melancolía no nos ahoga por completo.

En los humanos se sabe que lo único que permite a una relación amorosa continuar, cuando ésta ya no es impulsada por la fuerza desconocida que provoca las alteraciones neuroquímicas, es convertir a éstas en un reto del intelecto y la voluntad. El amor es como las plantas, deber ser cuidado y regado constantemente.

- ¿Qué es el "amor sin límites"?

- Hay que destacar el tipo de "amor sin límite", no egoísta, de acciones generosas que ayuda a vivir más tiempo saludable y feliz.

En Ohio, Estados Unidos, existe un Instituto de Investigaciones sobre el Amor Sin Límites. Su presidente, Stephen Post, explicó qué es. "En nuestro instituto investigamos ese tipo de amor sin límites, no egoísta, con acciones y emociones generosas que ayudan a otros". El perdón, la compasión y muchas otras emociones y conductas positivas son analizadas científicamente como expresiones de amor y son una especie de conexión entre hacer el bien y vivir bien.

Las personas que hacen el bien, pueden tener una vida más larga, saludable y feliz, asegura Post. Sobre el amor romántico, opina parecido. "Estar enamorado remite al amor romántico o al eros. Los estudios científicos relacionan esto con sustancias químicas en el cerebro que nos hacen sentir bien", como la dopamina, la serotonina y las endorfinas.

Las diversas investigaciones no hacen sino mostrar el sustrato orgánico que sustenta todos los procesos mentales. O sea, muestran el error de separar la mente razonante del cuerpo «no pensante».

- ¿Cómo influye el amor sobre el estrés?

- El amor duradero y correspondido reduce el estrés y promueve un potencial de salud, acarreando la habilidad de ayuda o beneficios motivacionales con un importante estado de bienestar. El diccionario define al amor como una intensa sensación de afecto profundo a una persona o a algo.

- ¿Los celos provocan estrés?

- Los celos, que son normales, a partir de cierto umbral resultan patológicos y se comportan como un trastorno obsesivo. Activan áreas de la *corteza órbito-frontal lateral, relacionada con los pensamientos obsesivos.*

Esto explicaría por qué algunas personas siguen obsesivamente enamoradas a pesar de haber sido rechazadas, como si tuvieran necesidad de mantener activadas áreas que pertenecen al sistema de recompensa, en el que actúa la dopamina. A pesar de no obtener lo que quieren, consiguen así que la dopamina siga trabajando.

En esa situación el estrés es muy intenso.

En el futuro, se postula que podremos detectar y modular ese umbral de los celos, mediante fármacos.

Pero, hemos entrado al tema del posible control farmacológico de las emociones, con todas sus consecuencias bioéticas, lo que excede el propósito de este trabajo.

- ¿Cómo elegimos?

- Parecería que nacemos con un cierto instinto de preselección por la belleza. Aun a los bebés les resulta atractiva la cara de un adulto que les sonríe y prefieren ese gesto, a un rostro feo, frente al cual lloran o se asustan.

También podemos quedar fascinados por alguien en fracciones de segundos, tan rápido que ni siquiera pudimos tomar conciencia nosotros de su existencia.

Hay experiencias que consistían en mostrar caras en 12 millonésimas de segundo, casi en forma subliminal, pudiendo evaluar cuál les había gustado más o no.

Esa velocidad demostró que la atracción tiene menos que ver con la elección y el gesto individual de la persona, que con la elección inconsciente.

Se puede determinar entonces que aquellas personas más atractivas tendrían más chances en ser seleccionadas, esto coincide con los seguidores de teorías que sostienen la supervivencia del más apto o bello según la teoría darwiniana para ser seleccionado por la hembra, como es el caso de la hembra al pavo real macho cuando despliega su cola de colores.

También parecería que lo que va a ser más atractivo en el ser humano se potencia si éste da señales de ser fiel.

La teoría de la evolución humana dice que una mujer para elegir un hombre que determine valga la pena aparearse con él, debe tener la convicción que será fiel, que será preferida, aun comparada con otras mujeres.

La naturaleza misteriosa que se esconde detrás de cómo elegimos pareja es un proceso altamente complejo. Sólo somos conscientes de una parte; el resto es impredecible y opera fuera de nuestra conciencia.

Las parejas que tienen *diferentes complejos de histocompatibilidad* producen retoños más sanos y con mejores sistemas inmunológicos. Y la evidencia muestra que estamos inclinados a elegir personas que se nos acomoden en este aspecto: las parejas tienden a tener complejos de histocompatibilidad mucho más diferentes que si se hubieran unido por casualidad.

En general, se observa esto desde detalles simples, como el hecho de que uno de los miembros de la pareja se resfría y el otro no. Este fenómeno se observó en parejas que se infectaron con el VIH; cuando aún se buscaba el origen de esta nueva enfermedad, uno solo enfermaba. Luego se identificó el virus y se vio que el otro era un portador sano, y que podía permanecer en ese estado muchos años. A partir de esas observaciones en la década del 80 se crearon las primeras Cátedras de Psicoinmunología.

¿Cómo se encuentra la gente que es diferente en su complejo

de histocompatibilidad? Esto no se comprende totalmente, pero sabemos que el sentido del olfato es un factor importante. La gente parece literalmente elegir a su pareja por el olor. En algunos estudios, las personas tendieron a elegir como más atractivas las remeras usadas por otros que tienen un complejo genético diferente. De esto solo se trata la "química" sexual. Serían las feromonas, pero también hay una "cuestión de piel" y se sabe que la piel es el órgano neuroinmunoendocrinológico más extendido.

Capítulo XVIII

Sobre la risa y el estrés

- ¿La risa es un buen remedio para el estrés?

- Hace un tiempo comentábamos con el Dr. Enrique Stolla-vagli, Médico y Docente cordobés, artista, humorista y entusiasta estudioso de las neurociencias, que un equipo de la Universidad de Standford (EEUU) había observado, mediante resonancia magnética que el *núcleo accumbens* (relacionado con la búsqueda del placer) se activaba tras un chiste gracioso, y no se modificaba tras uno sin gracia.

Hay que recordar que esa zona se activa también con la cocaína, el dinero o una cara bella, jugando un papel importante el neurotransmisor dopamina. Parece que esa exitación podría explicar la euforia que sigue a una situación que nos resulte graciosa.

La diferencia es que la risa es una droga antiestrés sana y resulta muy terapéutica.

- ¿Se ríen otras especies, además del ser humano?

- La risa, entendida como expresión de buen humor parece ser privativa del ser humano y los antropólogos no han encontrado ninguna cultura en la cual la gente no ría para expresar felicidad y sociabilidad.

La risa, como el humor o la metáfora, puede también producirse por la evocación de un sentimiento placentero y agradable.

Esto habla de la complejidad evolutiva de la risa: aparece espontáneamente, puede ser instantánea y autónoma, involuntaria; su manifestación motora o verbal puede preceder a la propia emoción o al menos ser simultánea y como dije es provocada también por la asociación de fenómenos mentales tales como la evocación de un recuerdo o un sentimiento.

Naturalmente es más importante filogenéticamente para la supervivencia reconocer los peligros, por lo que la percepción del miedo está localizada en el cerebro más antiguo (amígdalas cerebrales). El desarrollo de la corteza prefrontal, no más de un 2,7% más del total de neuronas que tiene el mono más avanzado, nos hace humanos y nos dio la posibilidad de conectarnos con aspectos más hedónicos de la vida y del ambiente.

La risa como expresión de buen humor es privativa del ser humano e involucra entonces por un lado a centros cerebrales evolutivamente inferiores relacionados con el placer y la recompensa y, por otra parte, a la corteza cerebral más evolucionada cuando la relacionamos con la alegría, el amor y la felicidad.

- ¿Se ríen por igual niños o adultos?
- Recientes observaciones realizadas con modernas técnicas ecográficas muestran *bebés que sonríen en el vientre materno*, lo que vendría a refutar las teorías hasta ahora aceptadas de que los bebés no sonríen hasta los dos o tres meses del nacimiento. Es lógico que sonrían si se piensa que durante el período de gestación se encuentra en una situación ideal, un verdadero edén, y de hecho este hallazgo estaría cuestionando una cierta "ley evolutiva" que siempre hemos aceptado en el sentido de que un bebe primero llora antes de reír. Una vez más el ser humano nos da una sorpresa.

Los neurólogos infantiles decían que los bebes empiezan a reír a la edad de 2 ó 3 meses. Esto sería posible por la existencia de las "neuronas espejo" por lo que repiten lo que ven y relacionan con la sensación de cariño y ternura que perciben.

El grado de sonrisas se va incrementando durante los años siguientes hasta más o menos la edad de 6 años cuando el niño se ríe en promedio 300 veces al día.

Después de ello, el "entrenamiento" social (o *estresamiento social*") por el deseo de mezclarse y ser aceptado por los amigos y socializarse, conspiran para amortiguar la saludable risa espontánea.

Se estima que el número de veces que ríen los adultos varía

desde un tope de 100 risas al día hasta un escaso número de 15 a medida que transcurre la vida.

Los adultos pierden gradualmente su predisposición a reírse y este descenso tiene sus consecuencias o correlato en la salud y en el espíritu.

- ¿Por qué la risa tendría un efecto antiestrés?

- Cuando una persona se ríe en forma vigorosa se produce mayor circulación arterial, los músculos abdominales trabajan, se incrementa el ritmo cardiaco, se elimina aire residual de los pulmones por lo que hay una mejor oxigenación, disminuyen los niveles de las hormonas del estrés y de adrenalina, se liberan endorfinas que originan un estado de bienestar, mejora el sistema inmunológico y baja la TA porque disminuyen las sustancias vasoconstrictoras. De manera que la expresión "morirse de risa" es casi puramente metafórica.

También filogénicamente habríamos aprendido que la alegría es una especie de horizonte parecido a la felicidad, un lugar hacia donde llegar.

- ¿Qué zonas del cerebro están involucradas en la risa?

- Sabemos que la corteza prefrontal está involucrada en la regulación de las emociones y la *toma de decisiones* guiadas emocionalmente. La zona orbitofrontal, una región «nueva» del cerebro desde el punto de vista evolutivo, se encarga de modular, de colocar en su justo término la búsqueda de recompensa y de placer que se procesa en centros inferiores como el núcleo *accumbens*. Si bien el área orbitofrontal es necesaria para la alegría, no es la única, puesto que el cerebro trabaja en red y se activa toda la corteza cerebral, aunque haya un área predominante.

En realidad, cualquier emoción si su magnitud es excesiva puede alterar nuestra capacidad de discernimiento; tanto el enojo o la ira como un exceso de alegría, un estado de euforia, pueden provocarnos estrés.

Las zonas cerebrales que estamos mencionando se afectan directamente en el estrés prolongado, de manera que cambia el humor y se pierde la capacidad de modulación emocional.

- ¿Existen experiencias que comprueben lo que dice?

- Existen muchas experiencias visuales relacionadas con la percepción de rostros, que demuestran en estudios con imágenes la activación de la parte inferior y medial del lóbulo temporal cuando distinguimos si una cara es familiar y afectivamente positiva, o con imágenes de cosas que nos resultan placenteras y que abren las puertas a un sentimiento de alegría o felicidad.

Experiencias en parejas de psiconeurólogos, que se prestaron voluntariamente, mostraron que en diversas ocasiones en que compartieron alegrías, momentos felices e incluso relaciones sexuales, se activaron esas mismas zonas.

En cambio cuando los estímulos son solo de recompensa se activan áreas cerebrales en la parte más baja de los ganglios basales.

En la escala evolutiva el ser humano parece ser el único capaz de sentir felicidad. Seguramente hay emociones positivas en los monos o en los perros, relacionadas con un bienestar sensorial, corpóreo. El placer y el éxtasis parecen ser exclusivamente humanos pero en realidad se sabe bastante poco sobre las emociones de los animales, que parecen reírse (¿o ríen?, ¿o imitan?) frente a situaciones parecidas a las que nos hacen reír a nosotros.

Lo que sí es cierto es que la emoción positiva, la alegría o la risa *son cognitivamente más complejas* que las emociones negativas como la tristeza o el enojo que son mucho más primarias.

- Entonces, ¿la expresión de las emociones es una respuesta puramente biológica?

- No, nuestra naturaleza no es solo neurobiológica, incluso es más que psicobiológica o sea es más que el complejo mente-cuerpo aislado. Está relacionada e interactúa con otros planos de lo existencial, con el entorno ambiental eco social y con una dimensión que llamamos espiritual; se relaciona filosóficamente con lo que algunos definen como energía universal, a lo que además se agregan aspectos religiosos en los que creen.

No podemos quedarnos en la soberbia simplista de que somos máquinas biológicas, o sea animales evolucionados mediante sucesivas mutaciones.

- Por lo tanto, ¿es bueno que nos riamos mucho?
- El orden natural de la evolución nos ha dado la capacidad de adaptarnos a las diversas contingencias de la vida, mediante los mecanismos del estrés. La risa franca, alegre, espontánea, "ducheiniana", frecuente, contagiosa, transparente, es como el indicador del tablero del humor.

Su representación, su expresión motora, verbal, etc., es inmediatamente informada por nuestras terminaciones sensoriales a las áreas cerebrales correspondientes que inundan nuestros sistemas de neurotransmisores y endorfinas que nos hacen sentir mejor y de esa manera construimos un "círculo virtuoso" de retroalimentación positiva.

De esa manera seremos menos vulnerables al estrés, podremos llegar a lograr una mejor calidad de vida e incluso aprender también a reírnos de nosotros mismos en el camino de conocernos más.

Impreso por Editorial Brujas • marzo de 2016 • Córdoba–Argentina